COLECCIÓN TIERRA FIRME

BREVE HISTORIA DE LA ARGENTINA

BIBLIOTECA *José Luis Romero*

Publicada en su memoria en el vigésimo
aniversario de su fallecimiento

Otras obras de José Luis Romero publicadas por el FCE:

La Edad Media
Las ideas políticas en la Argentina
La experiencia argentina

JOSÉ LUIS ROMERO

Breve historia de la Argentina

FONDO DE CULTURA ECONÓMICA

MÉXICO - ARGENTINA - BRASIL - COLOMBIA - CHILE - ESPAÑA
ESTADOS UNIDOS DE AMÉRICA - PERÚ - VENEZUELA

Primera edición (EUDEBA), 1965
Segunda edición aumentada (Huemul), 1978
Tercera edición aumentada (Huemul), 1994
Cuarta edición aumentada (FCE), 1997
Quinta edición aumentada (FCE), 2004
Cuarta reimpresión, 2007

D. R. © 1996, FONDO DE CULTURA ECONÓMICA DE ARGENTINA S.A.
El Salvador 5665; 1414 Buenos Aires
fondo@fce.com.ar / www.fce.com.ar
Av. Picacho Ajusco 227; 14200 México, D. F.

ISBN: 978- 950-557-614-2

IMPRESO EN ARGENTINA - *PRINTED IN ARGENTINA*
Hecho el depósito que marca la ley 11.723

PREFACIO

En 1965 apareció en EUDEBA la primera edición de *Breve historia de la Argentina,* que Boris Spivacow le encargó a mi padre: un cuaderno, de grandes páginas, con muchas ilustraciones y una viñeta de Schmidl sobre fondo rojo en la tapa. Era un producto típico de aquella notable empresa editorial, tan característica de los años sesenta. El texto concluía en 1958; con su cruce de optimismo e incertidumbres, su fe en el desarrollo de la democracia, la libertad y la reforma social, y sus dudas acerca de la era "plutocrática" que se iniciaba, es un testimonio de aquel formidable proyecto social de modernización cultural, tan desdichadamente concluido.

Ignoro cuánto circuló esa edición. A poco de aparecer, la universidad fue intervenida, EUDEBA pasó a malas manos, el libro desapareció de la venta y mi padre inició una larga gestión para recuperar sus derechos. Hacia 1973 lo consiguió, con la ayuda profesional de Horacio Sanguinetti, y poco después acordó con Juan Carlos Pellegrini su reedición actualizada en Huemul.

A principios de 1977 murió mi padre. En aquel año, en el que la catástrofe del país se sumaba a mi desventura personal, Fernando Vidal Buzzi, a cargo de Huemul, me propuso llevar adelante la proyectada reedición, agregando un último capítulo. En 1975 mi padre había agregado un capítulo final a *Las ideas políticas en la Argentina,* sobre el período 1955-1973. Yo lo había ayudado, tenía bastante práctica en trabajos profesionales conjuntos —solíamos decir que teníamos una sociedad anónima de producciones históricas— de modo que no me pareció mal escribir lo que hoy es el capítulo XIV, basándome en aquel texto, usando sus ideas y también sus palabras, sin mencionar mi participación, que en el fondo era sólo parcial. Al fin y al cabo, era como una de aquellas batallas que el Cid ganaba después de muerto.

Sorpresivamente, en su segunda versión, el libro tuvo un éxito callado y enorme. No podría decir cuántos ejemplares se han vendido, pues me consta que hubo muchas ediciones clandestinas. Pero sé que ha llegado a ocupar un lugar importante en la enseñanza, particularmente en los últimos años de la escuela media. Siempre me pareció que su difusión en aquellos años formaba parte de las respuestas, modestas pero firmes, que nuestra sociedad daba al terror militar.

En 1993, otro avatar editorial me planteó la disyuntiva acerca de su actualización. No podía ya apoyarme en nada escrito o pensado por mi padre. Pero a la vez, era consciente de que el principal valor de un libro de este tipo era ayudar a comprender el presente, ese "presente vivo" que mi padre contraponía con el "pasado muerto". En la Argentina habían ocurrido cosas demasiado importantes entre 1973 y 1992 como para que no las registrara un libro destinado a los jóvenes, a quienes se estaban formando como ciudadanos. Yo acababa de terminar mi *Breve historia contemporánea de la Argentina* y me pareció que podría ofrecer un resumen digno, que cubriera el período hasta 1993. Tenía la íntima convicción de que las ideas generales de este último capítulo estarían en consonancia con las del resto de la obra.

Hoy, en esta nueva versión, he revisado el texto original y he completado el capítulo XV, pues lo ocurrido en los últimos tres años sin duda hace más claro lo que en 1992 era sólo una intuición. Probablemente seguiré haciéndolo en el futuro, en parte porque este libro ya tiene una existencia

propia, y en parte por convicción filial. Estoy convencido
de que es mi obligación hacer lo necesario para mantener
vigente el pensamiento de mi padre, que me sigue pareciendo
do admirable, enormemente complejo detrás de su aparente
sencillez, y sin dudas más allá de cualquier moda intelectual. En rigor, dediqué mucho tiempo en estos veinte años
a reeditar sus obras, reunir sus artículos y conservar vivo
su recuerdo, y seguiré haciéndolo. Mantener actualizado
este libro en particular es parte de ese propósito.

Se trata, pues, de un libro con una historia, que se prolonga hasta el presente. También tiene una historia editorial,
que en la ocasión me resulta particularmente significativa.
En 1945, el Fondo de Cultura Económica le encargó a mi
padre un libro sobre las ideas políticas en la Argentina,
destinado a una de sus colecciones. Por entonces mi padre
se dedicaba a la historia antigua, y sólo había incursionado
tangencialmente en la historia argentina, sobre todo como
parte de su activo compromiso en la lucha intelectual y política de aquellos días. De cualquier modo, la elección de
Daniel Cossío Villegas, y la previa recomendación de Pedro
Henríquez Ureña, fue para él un honor y a la vez un desafío.
Con justicia, *Las ideas políticas en la Argentina* se ha convertido en un verdadero clásico, y desde entonces la relación
de mi padre con el Fondo —diría: con Arnaldo Orfila Reynal y María Elena Satostegui— fue muy intensa. Allí aparecieron *La Edad Media* —otro clásico—, *El desarrollo de las
ideas en la sociedad argentina del siglo XX* y más recientemente *La experiencia argentina,* donde hace unos años reuní
el conjunto de sus artículos y ensayos sobre el país.

En 1992 Alejandro Katz, responsable del Fondo en Buenos Aires, me propuso escribir una historia argentina del
siglo XX, destinada también a una colección de la editorial.
Como le ocurrió casi cincuenta años antes a mi padre, el
encargo fue para mí un honor y sobre todo un desafío muy

grande, aunque ignoraba su magnitud cuando lo acepté.
Por circunstancias que no conocí, el libro terminó teniendo
un título muy parecido al de mi padre: *Breve historia con-*
temporánea de la Argentina. No puedo dejar de pensar en
este extraño juego de coincidencias y de tradiciones. No
puedo dejar de pensar que *Breve historia de la Argentina,*
de José Luis Romero, que hoy reedita el Fondo, está finalmente donde debía estar.

Luis Alberto Romero

Febrero de 1997

Esta breve historia de la Argentina ha sido pensada y escrita en tiempos de mucho desconcierto. Mi propósito ha sido lograr la mayor objetividad, pero temo que aquella circunstancia haya forzado mis escrúpulos y me haya empujado a formular algunos juicios que puedan parecer muy personales. El lector, con todo, podrá hacerse su propia composición de lugar, porque a pesar de la brevedad del texto, creo que he logrado ofrecer los datos necesarios para ello. La finalidad principal de este libro es suscitar la reflexión sobre el presente y futuro del país. Su lectura, pues, puede ser emprendida con ánimo crítico y polémico. Me permito sugerir que esa lectura no sea sólo una primera lectura. El texto ha sido apretado desesperadamente y creo que el libro dice más de lo que parece a primera vista. Quizá me equivoque, pero sospecho que, al releerlo, aparecerán más claras muchas ideas que he reducido a muy escuetas fórmulas.

J. L. R.

Primera parte

LA ERA INDÍGENA

¿Cuántos siglos hace que está habitada esta vasta extensión de casi tres millones de kilómetros cuadrados que hoy llamamos la Argentina? Florentino Ameghino, un esforzado investigador de nuestro remoto pasado, creyó que había sido precisamente en estas tierras donde había aparecido la especie humana. Sus opiniones no se confirmaron, pero hay huellas de muchos siglos en los restos que han llegado a nosotros. Ni siquiera sabemos a ciencia cierta si estas poblaciones que fueron en un tiempo las únicas que habitaron nuestro suelo llegaron a él desde regiones remotas, tan lejanas como la Polinesia, o tuvieron aquí su origen. Sólo sabemos que un día, muchos siglos antes de que llegaran los conquistadores españoles, se fijaron en nuestro territorio y permanecieron en él hasta identificarse con su paisaje.

De esas poblaciones autóctonas no conocemos la historia. Las que habitaron el noroeste del país revelan una evolución más intensa y parece que aprendieron con duras experiencias el paso del tiempo y la sucesión de los cambios que es propia de la historia de la humanidad. Las demás, en cambio, se mantuvieron como grupos aislados y perpetuaron sus costumbres seculares o acaso milenarias, sin que nada les hiciera conocer la ventura y la desventura de los cambios históricos.

Eran, ciertamente, pueblos adheridos a la naturaleza. Ésta de nuestro suelo es una naturaleza generosa. La Argentina es un país de muy variado paisaje. Una vasta llanura

—la pampa— constituye su núcleo interior; pero en la planicie continua se diferencian claramente las zonas fértiles regadas por los grandes ríos y las zonas que no reciben sino ligeras lluvias y están pobladas por escasos arbustos. Unas tierras son feraces —praderas, bosques, selvas— y otras estériles, a veces desérticas. Pero la llanura es continua como un mar hasta que se confunde con la meseta patagónica del Sur, o hasta que se estrella contra las sierras o las altas montañas de los Andes hacia el Oeste. En cada una de esas regiones se fijaron viejos y misteriosos pueblos que desenvolvieron oscuramente su vida en ellas.

Eran pueblos de costumbres semejantes en algunos rasgos, pero muy diferentes en otros, porque estaban encadenados a la naturaleza, de cuyos recursos dependían, y según los cuales variaban sus hábitos. Cuando comenzó la conquista española, las poblaciones autóctonas fueron sometidas y atadas a las formas de vida que introdujeron los conquistadores. Durante algún tiempo, algunos grupos conservaron su libertad replegándose hacia regiones no frecuentadas por los españoles. La pampa y la Patagonia fueron su último refugio. En un último despertar, constituyeron un imperio de las llanuras cuando la desunión de las provincias argentinas les permitió enfrentarlas con ventaja. Pero, finalmente, cuando la lanza se mostró inferior al fusil, cayeron sometidos y fueron incorporados a las nuevas formas de vida que les fueron impuestas.

Acaso ellos no creían que las formas europeas de vida fueran superiores a las suyas, heredadas y mantenidas durante largos siglos. Y acaso la melancolía que conserva su música y su mirada oculte el dolor secular de la felicidad perdida.

I. LAS POBLACIONES AUTÓCTONAS

Desde el Río de la Plata hasta la cordillera de los Andes, la pampa inmensa y variada estaba habitada por los pueblos que le dieron su nombre: los pampas. Estaban divididos en diversas naciones, desde los araucanos, que traspasaban los valles andinos y se extendían hacia la otra ladera de la cordillera, hasta los querandíes que habitaban las orillas del Río de la Plata. Eran cazadores o pescadores según las regiones, de costumbres nómadas, diestros en el uso del arco y de las boleadoras, con las que acertaban a los avestruces que cruzaban la llanura. Y para descansar y guarecerse construían toldos rudimentarios que se agrupaban formando pequeñas aldeas.

Más favorecidos por la naturaleza los guaraníes que habitaban la región de Corrientes y Misiones aprendieron a cultivar la tierra con instrumentos de madera y cosechaban zapallo, mandioca y especialmente maíz; con eso completaban su alimentación hecha también de caza y pesca. Cuando se establecían en algún lugar durante largo tiempo construían viviendas duraderas de paja y barro. Eran hábiles y sabían fabricar cacharros de alfarería, un poco elementales, pero capaces de servir a las necesidades de la vida cotidiana; y con las fibras que tenían a su alcance hacían tejidos para diversos usos, entre los cuales no era el más frecuente el de vestirse, porque solían andar desnudos.

Próximos a ellos, en los bosques chaqueños, los matacos y los guaycurúes alternaban también la caza y la pesca con una rudimentaria agricultura en la que trabajaban preferentemente las mujeres. Y por las regiones vecinas se extendían otros pueblos menos evolucionados, los tobas o los chanés, que conocían sin embargo, como sus vecinos, el difícil arte de convertir un tronco de árbol en una ágil embarcación con la que diez o doce hombres solían surcar los grandes ríos en busca de pesca.

Menos evolucionadas aún eran las poblaciones de la vasta meseta patagónica. Allí vivían los tehuelches, cazadores seminómadas, que utilizaban las pieles de los animales que lograban atrapar para cubrirse y para techar las chozas en que habitaban, luego de haber comido cruda su carne. Onas y yaganes poblaban las islas meridionales como nómadas del mar, y en él ejercitaban su extraordinaria habilidad para la pesca con arpón, a bordo de ligerísimas canoas de madera y corteza de haya.

Escasas en número, con muy poco contacto entre sí —y a veces ninguno—, las poblaciones de las vastas llanuras, de las duras mesetas, de las selvas o de los bosques, perpetuaban sus costumbres y sus creencias tradicionales sin que su vida sufriera alteraciones profundas. Iban a las guerras que se suscitaban entre ellos para defenderse o para extender sus áreas de predominio, y en el combate ejercitaban los varones sus cualidades guerreras, encabezados por sus caciques, a quienes obedecían respetuosamente. Para infundir temor a sus enemigos y para señalar su origen, cubrían su cuerpo con adornos o lo tatuaban con extraños dibujos, y algunos solían colocarse en el labio inferior un disco de madera con el que lograban adquirir una extraña fisonomía. La tierra entera les parecía animada por innumerables espíritus misteriosos que la poblaban, y a sus designios atribuían los avatares de la fortuna: el triunfo o la derrota en la guerra, el éxito o el fracaso en la caza o la pesca, la crueldad o la benignidad de las fuerzas de la naturaleza. Sólo los hechiceros conocían sus secretos y parecían capaces de conjurarlos para tornarlos propicios y benévolos. Gracias a eso gozaban de la consideración de los suyos, que los admiraban y temían porque constituían su única esperanza frente a las enfermedades o frente a las inciertas aventuras que entrañaban la cotidiana busca de los alimentos y la continua hostilidad de los vecinos.

Más compleja fue, seguramente, la existencia de las poblaciones que habitaban en las regiones montañosas del noroeste. Allí, los valles longitudinales de la cordillera abrían caminos prometedores que vinculaban regiones muy distantes entre sí, y hubo pueblos que se desplazaron y conocieron las alternativas de la victoria y la derrota, esta última acompañada por el forzoso abandono de las formas tradicionales de vida y la aceptación de las que les imponían sus vencedores. Tal fue, seguramente, el destino de los diaguitas, que habitaban aquellas comarcas.

A lo largo de los valles, los diaguitas vivían en pequeñas aldeas formadas por casas con muros de piedra. Era el material que les ofrecía su paisaje. Hábiles alfareros, usaban platos, jarras y urnas de barro cocido en cuyo decorado ponían de manifiesto una rica imaginación y mucho dominio técnico; pero utilizaban además para sus utensilios cotidianos la madera, el hueso, la piedra y el cobre. Estaban firmemente arraigados a la tierra y sabían cultivarla con extremada habilidad, construyendo terrazas en las laderas de las sierras para sembrar el zapallo, la papa y el maíz, que eran el fundamento de su alimentación. Criaban guanacos, llamas y vicuñas, y con su lana hacían tejidos de rico y variado dibujo que teñían con sustancias vegetales.

Los adornos que usaban solían ser de cobre y de plata. En piedra esculpieron monumentos religiosos: ídolos y menhires. Y con piedra construyeron los pucaráes, fortificaciones con las que defendían los pasos que daban acceso a los valles abiertos hacia los enemigos.

Sin duda se virtió mucha sangre en la quebrada de Humahuaca y en los valles calchaquíes, pero no conocemos las alternativas de esa historia. Los pasos que miraban al Norte vieron llegar, seguramente más de una vez, los ejércitos de los estados que se habían constituido en el altiplano de Bolivia o en los valles peruanos: desde el Cuzco, el imperio de los incas se extendía hacia el Sur y un día sometió a su autoridad a los diaguitas. Signo claro de esa dominación fue el cambio que introdujeron en sus creencias religiosas, abandonando sus viejos cultos animalísticos para adoptar los ritos solares propios de los quichuas. Y el quichua, la lengua del imperio inca, se difundió por los valles hasta tornarse el idioma preponderante.

Propias o adquiridas, la música y la poesía de los diaguitas llegaron a expresar una espiritualidad profunda y melancólica. Acaso la fuerza del paisaje montañoso las impregnó de cierta resignación ante la magnitud de los poderes de la naturaleza o ante el duro esfuerzo que requería el trabajo cotidiano. Pero no estaban ausentes de su canto ni el amor ni la muerte, ni el llamado de la alta montaña ni la evocación de la luna nocturna. En el seno de comunidades de rígida estructura, vivían vueltos sobre sí mismos y sobre su destino con una vigilante conciencia.

Por eso constituían los diaguitas un mundo tan distinto del de las poblaciones de la llanura, de la meseta, de las selvas y de los bosques. Cuando llegaron los españoles y los sometieron y conquistaron sus tierras, unos y otros dejaron muy distinto legado a sus hijos, y a los hijos que sus mujeres dieron a los conquistadores que las poseyeron, mestizos a los que quedó confiado el recuerdo del fondo tradicional de su raza.

Segunda parte

LA ERA COLONIAL

La conquista de América por los españoles es una empresa de principios del siglo XVI. Es la época de Leonardo, de Maquiavelo, de Erasmo. Como el pensamiento humanístico y como la pintura de ese instante, la conquista tiene el signo del Renacimiento; es indagación de lo misterioso, aventura en pos de lo desconocido. Alvar Núñez Cabeza de Vaca, caminando por el Brasil hasta Asunción, pertenece a la misma estirpe de Paracelso indagando los secretos del cuerpo humano. Pero cuando la conquista termina y comienza la colonización sistemática, en la segunda mitad del siglo XVI, también el Renacimiento ha terminado.

La España imperial de Carlos V, avasalladora y triunfante en el mundo, ha dejado paso a la España de Felipe II, retraída dentro de sí misma, militante sólo en defensa del catolicismo contra la Reforma, hostigada en los mares por los corsarios ingleses que asaltaban los galeones cargados con el oro y la plata de América. Ni España ni Portugal, los países descubridores, mantendrán mucho tiempo el dominio de las rutas marítimas. Y en el siglo XVII, los Austria acentúan su declinación hasta los oscuros tiempos de Carlos II el Hechizado. Holanda e Inglaterra comienzan a dominar los mares, movidas por los ricos burgueses que, finalmente, no vacilan en tomar el poder. La monarquía inglesa cae a mediados del siglo XVII con la cabeza de Carlos I y la república le sucede bajo la inspiración de Oliverio Cromwell. Ahora se trata de que Inglaterra reine sola en los mares del mundo. Ni siquiera la

Francia absolutista de Richelieu y de Luis XIV podría competir con ella sobre las aguas.

En este mundo de los siglos XVI y XVII se desliza la primera etapa de la vida colonial argentina. El autoritarismo de los Austria impregna la existencia toda de la colonia. Sagrado como el rey es el encomendero a quien se confían los rebaños de indios para su educación cristiana y para el trabajo en los dominios de su amo. Una idea autoritaria del mundo y de la sociedad se desprendía de la experiencia de la política española tanto como de la prédica de los misioneros y de la enseñanza de las doctrinas neoescolásticas de la Universidad de Córdoba, basada en los textos del teólogo Francisco Suárez. Pero, para las poblaciones autóctonas, el autoritarismo no derivaba de ninguna doctrina, sino del hecho mismo de la conquista. Naturalmente, su tendencia fue a escapar o a rebelarse. Durante largos años el problema fundamental de la vida colonial fue ajustar las relaciones de dependencia entre la población indígena sometida y la población española conquistadora. Puede decirse que la región que hoy constituye la Argentina, excepto como exportadora de cueros, apenas existía para el mundo.

Pero, justamente al comenzar el siglo XVIII —triunfante Inglaterra en los mares—, España cambia de dinastía: los Borbones reemplazan a los Austria. El mundo había cambiado mucho y seguía cambiando. La filosofía del racionalismo y del empirismo acompañaba a la gran revolución científica de Galileo y de Newton, y juntas se imponían sobre las concepciones tradicionales de raíz medieval. La convicción de que lo propio del mundo es cambiar, comenzaba a triunfar sobre la idea de que todo lo existente es bueno y no debe ser alterado. La primera de esas dos ideas se enunció bajo la forma de una nueva fe: la fe en el progreso. Y España, pese al vigor de las concepciones tradicionales, comenzó bajo los Borbones a aceptar esa nueva fe.

Naturalmente, se enfrentaron los que la aceptaban y los que la consideraban impía en una batalla que comenzó entonces y aún no ha concluido. La colonia rioplatense imitó a la metrópoli: unos la aceptaron y otros no; pero era claro que los que la aceptaban eran casi siempre los disconformes con el régimen colonial, y los que la rechazaban, aquéllos que estaban satisfechos con él.

Poco a poco las exportaciones que salían del puerto de Buenos Aires aumentaban de volumen; en el siglo XVII se agregó a los cueros el tasajo que se preparaba en los saladeros. La exportación era un buen negocio, pero también lo era la importación de los imprescindibles artículos manufacturados que llegaban legalmente de España y subrepticiamente de otros países. Inglaterra, que dominaba las rutas marítimas, había proclamado la libertad de los mares.

En el Río de la Plata, los partidarios del monopolio español y los defensores de la libertad de comercio se enfrentaron y buscaron el fundamento de sus opiniones —generalmente vinculadas a sus intereses— en las ideologías en pugna. Hubo, pues, partidarios del autoritarismo y partidarios del liberalismo. Entre tanto las ciudades crecían, se desarrollaba una clase burguesa en la que aumentaba el número de los nativos y, sobre todo, se difundía la certidumbre de que la comunidad tenía intereses propios, distintos de los de la metrópoli.

Cuando la fe en el progreso comenzó a difundirse, bastó poco tiempo para que se confundiera con el destino de la nueva comunidad. Si la Universidad de Córdoba se cerraba resueltamente· al pensamiento del Enciclopedismo, la de Charcas estimulaba el conocimiento de las ideas de Rousseau, de Mably, de Reynal, de Montesquieu. En Buenos Aires no faltó quien, como el padre Maciel, poseyera en su biblioteca las obras de autores tan temidos. Una nueva generación, al tiempo que se compenetraba de las inimaginables posibilidades que el mundo ofrecía a la pequeña comunidad colonial, bebía en las obras de los enciclopedistas y en las de los economistas liberales españoles una nueva doctrina capaz de promover, como en los Estados Unidos o en Francia, revoluciones profundas.

A fines del siglo XVIII, la colonia rioplatense había comenzado a ser un país. Durante tres siglos se había ordenado su estructura economicosocial y se habían delineado los distintos grupos de intereses y de opiniones. Todavía durante toda la era criolla subsistirían los rasgos que se habían dibujado durante la era colonial.

II. LA CONQUISTA ESPAÑOLA Y LA FUNDACIÓN DE LAS CIUDADES (SIGLO XVI)

Los españoles aparecieron por primera vez en el Río de la Plata en 1516, veinticuatro años después de la llegada de Colón al continente americano. Ciertamente, no buscaban tierras, sino un paso que comunicara el océano Atlántico con el Pacífico, recién descubierto por Balboa. Juan Díaz de Solís, que mandaba la expedición, recorrió el estuario y descendió en las costas orientales: allí trabó contacto con los querandíes, que lo mataron a poco de desembarcar. Así empezaron las relaciones entre indios y conquistadores.

De los hombres de la expedición de Solís, el más joven, Francisco del Puerto, quedó entre los indios; los demás regresaron a España; pero una de las naves naufragó en el golfo de Santa Catalina y algunos de los tripulantes se salvaron nadando hasta la costa. Uno de ellos, Alejo García, oyó hablar a los indios de la existencia de un país lejano— la tierra del Rey Blanco— en cuyas sierras abundaban el oro y la plata. Seducido por la noticia, emprendió a pie la marcha hacia la región de Chuquisaca, y luego de llegar y de confirmar la noticia, regresó hacia la costa. También él fue muerto por los indios cuando volvía; pero lo que había visto llegó a oídos de sus compañeros y así nació la obsesionante ilusión de los conquistadores de alcanzar la tierra de las riquezas fabulosas. Poco después, el Mar Dulce, como lo llamó Solís, comenzaría a ser llamado Río de la Plata, en testimonio de esa esperanza.

Sin embargo, la busca de un paso que uniera los dos océanos seguía siendo lo más importante para la Corona española; y para que lo hallara envió a Hernando de Magallanes en 1519 con la misión de recorrer la costa americana. Seguramente, tanto él como Solís poseían noticias de navegantes portugueses que habían hecho ya análogo viaje. Magallanes no se dejó tentar por las promesas del ancho estuario y siguió hacia la costa patagónica. Hizo escala en el golfo que llamó de San Julián, conoció a los indios tehuelches—que los españoles llamaron patagones—, y finalmente entró en el estrecho que luego se conoció con su nombre. Siguiendo sus huellas, llegó al Río de la Plata en 1526 la expedición de Sebastián Gaboto; pero las noticias difundidas por los que sabían del viaje de Alejo García incitaron al piloto a penetrar en el río Paraná en busca de un camino hacia la tierra del Rey Blanco. Un pequeño fuerte que se llamó de Sancti Spiritus, levantado sobre la desembocadura del Carcarañá, fue la primera fundación española en suelo argentino.

Ya entonces comenzaron las rencillas entre los que buscaban la tierra de la plata. Gaboto exploró el Paraguay y el Bermejo, pero retornó al saber que otra expedición, al mando de Diego García, le seguía los pasos. Cuando se pusieron de acuerdo, recorrieron juntos el Paraguay hasta las bocas del Pilcomayo. Pero nada pudieron averiguar con certeza sobre la manera de llegar a la fabulosa región de la plata y regresaron a España mientras los guaraníes destruían el fuerte de *Sancti Spiritus*.

Desde ese momento, el hallazgo de un camino que condujera desde el Río de la Plata hasta el recién descubierto Perú, comenzó a transformarse para los españoles en una obsesión. Si ese camino existía y era más fácil que la ruta del Pacífico, las incalculables riquezas que habían dejado estupefacto a Pizarro podrían llegar a la metrópoli por una vía más directa y más segura. Para tentar esa posibilidad, Pedro de Mendoza, investido con el título de adelantado del Río de la Plata, salió de España en 1535 al mando de una flota para fundar un establecimiento que asegurara las comunicaciones con la metrópoli.

Así nació la primera Buenos Aires, fundada por Mendoza en 1536, sobre las barrancas del Riachuelo que pronto se llamaría de La Matanza. Ulrico Schmidl, uno de sus primeros pobladores, describió la ciudad y relató las peripecias de sus primeros días. Un muro de tierra rodeaba las construcciones donde se alojaban los expedicionarios, entre los que había, además de los hombres de espada, los que venían a aplicar sus manos a los instrumentos de trabajo. Caballos y yeguas que habían viajado a bordo de las naves daban a los conquistadores una gran superioridad militar. Los querandíes ofrecieron al principio carne y pescado a los recién llegados; pero luego se retrajeron y las relaciones se hicieron difíciles. Hubo luchas y matanzas. Pero los españoles se sobrepusieron a las dificultades y procuraron cumplir sus designios emprendiendo el camino hacia el Perú.

Juan de Ayolas navegó por el Paraná y el Paraguay y se internó luego por tierra hacia el noroeste. Quizá llegó a Bolivia y acaso logró algunas riquezas, pero nunca volvió a las orillas donde lo esperaban sus hombres. Su lugarteniente, Domingo Martínez de Irala, asumió el mando en la pequeña ciudad que otro de ellos —Juan de Salazar— acababa de fundar con el nombre de Asunción. Desde entonces, ésa fue la base de operaciones de los que repitieron el intento de llegar a la tierra de la plata: el segundo adelantado, Alvar Núñez Cabeza de Vaca, Irala y otros más. Buenos Aires fue despoblada y abandonada, en tanto que Asunción prosperó con la introducción de ganados y el desarrollo de la colonización. Pero la ruta que conducía al Perú no fue hallada.

Viniendo del Perú hacia el sur, en cambio, los españoles de la tierra de la plata lograron hallar una salida hacia la cuenca de los grandes ríos. Diego de Almagro recorrió en 1536 el noroeste argentino. Poco después, en 1542, Diego de Rojas —y sus hombres después de su muerte— cruzaron esa misma región, que se conoció con el nombre de el Tucumán y llegaron hasta las bocas del Carcarañá. Y algo más tarde, Núñez del Prado fundó en esa comarca la primera ciudad, que llamó del Barco.

Por entonces, comenzaba a desvanecerse la esperanza de establecer en el Río de la Plata la base de operaciones para el transporte de los metales peruanos. El tercer adelantado, Juan Ortiz de Zárate, decidió colonizar la fértil llanura que le había sido adjudicada, y uno de sus hombres, Juan de Garay, fundó en 1573 la ciudad de Santa Fe. La estrella de Asunción, que tanto había ascendido durante el esforzado gobierno de Irala, comenzó a declinar, y el Río de la Plata volvió a parecer el centro natural de la región. Al año siguiente, Ortiz de Zárate regresó de España con cinco naves colmadas de hombres y mujeres que se afincaron en la comarca y por cierto, acompañado del arcediano Martín del Barco Centenera, que más tarde compuso un largo poema en el que narró la conquista y que tituló precisamente "La Argentina". Pero el adelantado murió al poco tiempo y tras diversas vicisitudes, quedó Juan de Garay a cargo del gobierno del Río de la Plata.

Para entonces, los conquistadores que venían del Perú lograron reducir a los diaguitas y fundaron Santiago del Estero en 1553, San Miguel del Tucumán en 1565 y Córdoba en 1573. Los que venían de Chile, por su parte, fundaron Mendoza en 1561 y al año siguiente San Juan. El origen de los conquistadores determinó la orientación de cada una de esas regiones: el Tucumán hacia el Perú y Cuyo hacia Chile. Pero la cuenca de los grandes ríos miraba hacia España y

Juan de Garay decidió cumplir el viejo anhelo de repoblar Buenos Aires. En 1580 reunió en Asunción un grupo de sesenta soldados, muchos de ellos criollos, y se embarcó llevando animales y útiles de trabajo. Sobre el Río de la Plata, el 11 de junio de 1580, fundó por segunda vez la ciudad de Buenos Aires, distribuyó los solares entre los nuevos vecinos, entregó tierras para labranza en las afueras y constituyó el Cabildo. Así quedó abierta una "puerta a la tierra" que debía emancipar al Río de la Plata de la hegemonía peruana. Poco después, sin embargo, la metrópoli invalidaría el puerto de Buenos Aires, que sólo sirvió para alimentar el temor a los ataques de los piratas. Muy pronto debía servir también para el contrabando de las mercancías que España le vedaba recibir.

En 1582 fue fundada la ciudad de San Felipe de Lerma, que recibió del valle en que estaba situada el nombre de Salta. Las riquezas minerales de la sierra de Famatina atrajeron a los conquistadores hacia otros valles, y en 1591 se fundó La Rioja; y para vigilar la boca de la quebrada de Humahuaca se fundó en 1593 San Salvador de Jujuy. No mucho antes, el cuarto adelantado Juan Torres de Vera y Aragón había fundado en el alto Paraná la ciudad de Corrientes en 1588.

Así nacieron en poco tiempo los principales centros urbanos del país, donde se radicaron unos pocos pobladores, españoles de la península unos y criollos nacidos ya en estas tierras otros; a su alrededor flotaban los grupos indígenas de la comarca conquistada, sometidos al duro régimen de la encomienda o de la mita con el que se beneficiaba de su trabajo el español que era su señor; y mientras fatigaban sus cuerpos en la labranza de las tierras o en la explotación de las minas, soportaban el embate intelectual de los misioneros que procuraban inducirlos a que abandonaran sus viejos cultos y adoptaran las creencias cristianas. Un sordo resentimiento los embargó desde el primer momento, y lo tradujeron en pereza o en rebeldía. Las mujeres indias fueron tomadas como botín de la conquista, y de ellas tuvieron los conquistadores hijos mestizos que constituyeron al poco tiempo una clase social nueva. De vez en cuando llegaban a las ciudades nuevos pobladores españoles, que se sentían más amos de la ciudad que esta heteróclita población criolla, mestiza e india, que se agrupaba alrededor de los viejos vecinos. En los cabildos, aquellos que tenían propiedades ejercían la autoridad bajo la lejana vigilancia de gobernadores y virreyes.

En la dura faena de la conquista y la colonización, los misioneros solían introducir cierta moderación en las costumbres y algunas preocupaciones espirituales. Pero su esfuerzo se estrelló una y otra vez contra la dureza del régimen de la encomienda y de la mita. En los templos que se erigían no faltó la imagen tallada por artesano indígena que transmitió al santo cristiano los rasgos de su raza o el vago perfume de sus propias creencias. En 1570 fue creado el obispado de Tucumán para celar la obra de sacerdotes y misioneros. A los dominicos y franciscanos, se habían agregado poco antes los jesuitas que, activos y disciplinados, organizaron las reducciones de indios y dedicaron sus esfuerzos a la educación. Así adquirieron los religiosos fuerte influencia y osaron disputar con las autoridades civiles sobre la vida misma de la colonia. Muy pronto hubo frailes criollos y mestizos. Criollos fueron también el gobernador de Asunción, Hernando Arias de Saavedra y el obispo del Tucumán, fray Hernando de Trejo y Sanabria; mestizo fue también Ruy Díaz de Guzmán que escribió en Asunción la primera historia argentina. Las razas y las ideas comenzaban a entrecruzarse.

III. LA GOBERNACIÓN DEL RÍO DE LA PLATA
(1617-1776)

Cuando llegó al gobierno del Río de la Plata Hernando Arias de Saavedra —el primer criollo que alcanzó esa dignidad—, se ocupó de regularizar las difíciles relaciones entre las autoridades eclesiásticas y civiles en un sínodo que reunió en Asunción en 1603. Pero el problema era arduo y volvió a suscitarse una y otra vez. En Buenos Aires, la querella entre obispos y gobernadores fue durante toda la época colonial una de las causas de agitación en el vecindario. Fuera de las pequeñas cuestiones personales y del conflicto entre las distintas tendencias políticas que se suscitó después, un motivo frecuente de discrepancia fue el problema de los indios, más grave, sin duda, en el Paraguay y en el Tucumán que en el Río de la Plata.

Pese a las recomendaciones reales, el trato que los encomenderos daban a los indios era duro y cada uno se servía de los que le habían sido asignados como si fueran sus siervos, olvidados de los deberes para con ellos que les estaban encomendados. Para protegerlos, Hernandarias tomó diversas medidas, pero no fueron suficientes para corregir la conducta de los encomenderos obsesionados por la riqueza. Francisco de Alfaro, enviado para visitar la comarca por la Audiencia de Charcas, dispuso en 1611 suprimir el servicio personal de los indios; pero sus ordenanzas tampoco modificaron la situación. Hernandarias dio un paso audaz y encomendó a los jesuitas la fundación de unas "misiones" donde trabajarían y se educarían los guaraníes del Paraguay. Las fundaciones fueron extensas y prósperas; pero crearon un mundo incomunicado en el que las mismas autoridades civiles difícilmente entraban. Fue el "Imperio jesuítico". Así comenzó a ser el Paraguay un área marginal, ajena a la evolución del Tucumán y del Río de la Plata donde el mestizaje creó dolorosamente una sociedad abierta.

Curioso explorador tanto de las tierras del sur como de las del Chaco, Hernandarias comprendió que Asunción y Buenos Aires constituían dos centros de distintas tendencias y de diferentes posibilidades, y solicitó a la Corona la división de la colonia rioplatense. Una Real Cédula de 1617 separó al Paraguay del Río de la Plata y desde entonces sus destinos tomaron por caminos diversos.

Buenos Aires, la pequeña capital de la gobernación del Río de la Plata, adoptaba ya, pese a su insignificancia, los caracteres de un puerto de ultramar. Situada en una región de escasa población autóctona los vecinos se dedicaron a la labranza ayudados por los pocos negros esclavos que comenzaron a introducirse, y algunos procuraron obtener módicas ganancias vendiendo sebo y cueros, que obtenían capturando ocasionalmente ganado cimarrón que vagaba sin dueño por la pampa. Quienes obtenían el "permiso de vaquerías" para perseguirlo y sacrificarlo, vendían luego en la ciudad aquellos productos que podían exportarse, unas veces con autorización del gobierno y otras sin ella. Porque a pesar de su condición de puerto pesaba sobre Buenos Aires una rígida prohibición de comerciar. Desde 1622, una aduana "seca" instalada en Córdoba defendía a los comerciantes peruanos de la competencia de Buenos Aires. Tales restricciones hicieron que el contrabando fuera la más intensa y productiva actividad de la ciudad, y sus alternativas llenaron de incidentes la vida del pequeño vecindario. Unas veces fue la falta de objetos imprescindibles, como el

papel de que carecía el Cabildo; otras, fue la llegada su-
brepticia de ricos cargamentos; otras, el descubrimiento de
sorprendentes complicidades entre contrabandistas y magistrados. Siempre condenado, el contrabando hijo de la libertad de los mares, floreció y contribuyó a formar una rica
burguesía porteña.

Mil españoles y una caterva de esclavos constituían el
vecindario de la capital de la gobernación. Dentro de su
placidez, la vida se agitaba a veces. En más de una ocasión
se anunció la llegada de naves corsarias y fue necesario poner a punto las precarias fortificaciones y movilizar una
milicia urbana; pero el peligro nunca fue grande y los vecinos volvían a sus labores prontamente. Lo que más los agitó fueron las querellas entre el obispo y las autoridades
civiles, todos celosos de sus prerrogativas y todos acusados
o acusadores en relación con los negocios de contrabando.
Así se desenvolvió, durante el siglo XVII y buena parte del
XVIII, la vida de Buenos Aires, la pequeña aldea en la que
los viajeros advertían la vida patriarcal que transcurría en
las casas de techos de paja, en cuyos patios abundaban las
higueras y los limoneros. Allí vivían los más ricos, rodeados de esclavos y sirvientes, orgullosos de sus vajillas de
plata y de los muebles que habían logrado traer de España
o del Perú, y los más pobres, ganando su pan en el trabajo
de la tierra o en el ejercicio de las pequeñas artesanías o del
modesto conchavo. Una pequeña burocracia comenzaba a
constituirse con españoles primero y con criollos también
más tarde. Y alrededor de la ciudad se organizaban lentamente las estancias de los poseedores de la tierra, algunos
de los cuales se lanzaban de vez en cuando hacia el desierto, ayudados en su tarea de perseguir ganado cimarrón por
los "mancebos de la tierra", criollos y mestizos que preferían la libertad de los campos a la sujeción de una ciudad
que no era de ellos y que prefiguraban el tipo del gaucho.

Cada cierto tiempo, un navío traía noticias de la metrópoli y del mundo. Las más interesantes eran, naturalmente, las que tenían que ver con el destino de la gobernación y especialmente las que se relacionaban con la suerte de la costa oriental del Río de la Plata. Desde 1680 había allí una ciudad portuguesa —la Colonia del Sacramento— que se había convertido en la puerta de escape del comercio de Buenos Aires. Artículos manufacturados, preferentemente ingleses, y algunos esclavos se canjeaban por el sebo y los cueros que proveía la pampa. Pero precisamente por esa posibilidad, la suerte de la Colonia fue muy cambiante. Una y otra vez las pobres fuerzas militares de Buenos Aires se apoderaron de ella, pero tuvieron que cederla luego a causa de los acuerdos establecidos entre España y Portugal. En 1713, por el tratado de Utrecht, lograron los ingleses autorización para introducir esclavos; y en connivencia con los portugueses organizaron metódicamente el contrabando con Buenos Aires. El tráfico entre las dos orillas del río se hizo tan intenso que los portugueses se creyeron autorizados para extender aún más sus dominios. Pero España reaccionó enérgicamente y encomendó al gobernador Bruno Mauricio de Zabala que los contuviera. Zabala fundó Montevideo en 1726, y las ventajas de ese puerto lo transformaron pronto en el centro de las operaciones navales en el Río de la Plata. Muy poco después Montevideo se consideró un competidor de Buenos Aires.

En el norte, de espaldas al Río de la Plata y mirando hacia Lima las ciudades del Tucumán progresaban más lentamente. Córdoba, la más importante de ellas, apenas llegaba al millar de habitantes; pero tenía ya desde 1622 una universidad cuya fundación había promovido fray Hernando de Trejo y Sanabria y veía levantarse la fábrica de su catedral, el más atrevido y suntuoso de los templos de la colonia. A diferencia de las comarcas rioplatenses, abundaban en el

Tucumán los indios labradores y mineros. El contacto entre las poblaciones autóctonas y los españoles fue allí intenso y dramático. Hubo uniones entre españoles y mujeres indígenas, unas veces legítimas y otras no, que originaron la formación de una nutrida y singular población mestiza. Pero hubo sobre todo relaciones de dependencia muy severas entre indios y encomenderos. En los cultivos —el trigo, el maíz, la vid, el algodón— y en las industrias, unas tradicionales de la región y otras nuevas, entre las que se destacaba la del tejido de lana y de algodón, los indígenas trabajaban de modo agotador en beneficio del encomendero. Más duro todavía era el trabajo que realizaban en las minas, cuyo secreto sólo ellos poseían, no sin desesperación de los españoles. En cambio, la cría de mulas que se enviaban al Perú en grandes cantidades, y el traslado de vacunos desde la pampa constituían trabajos más livianos en los que se ejercitaban preferentemente criollos y mestizos.

La sistemática explotación de los indios, apenas amenguada ocasionalmente por la influencia de algún funcionario o algún misionero, suscitó un sordo rencor en los naturales del país. Unas veces se manifestó en la negligencia para el trabajo, otras en la fuga desesperada y otras, finalmente, en una irrupción violenta que desembocaba en la rebelión. Hacia 1627, un vasto movimiento polarizó a los diaguitas y la nación entera estalló en una sublevación contra los españoles. Diez años necesitaron éstos para someter a los diversos caciques rebeldes, cuyos hombres se extendían por todos los valles calchaquíes y amenazaban las ciudades.

Algo singular había en las relaciones entre los indios y los conquistadores del Tucumán. La sospecha de que aquéllos conocieran la existencia de ricas minas de metales preciosos movía a los conquistadores a intentar de vez en cuando una aproximación benévola para tratar de sorprender sus secretos. Acaso fue esta esperanza la que movió al gobernador Alonso Mercado a confiar en los proyectos de un imaginativo aventurero, Pedro Bohórquez, que se decía descendiente de los incas y prometía, a cambio del título de gobernador del valle calchaquí, la sumisión de los indios y los tesoros de Atahualpa. Pero el virrey de Lima no aceptó el juego y los diaguitas, que también habían puesto sus esperanzas en Bohórquez, volvieron a sublevarse en 1685. Esta vez la lucha fue extremadamente violenta y duró varios años, al cabo de los cuales los indios fueron vencidos y las diversas tribus arrancadas de sus tierras y distribuidas por distintos lugares del Tucumán y del Río de la Plata. Así se dispersaron los diaguitas, sin que los españoles del noroeste argentino alcanzaran nuevos secretos sobre las riquezas metalíferas de las montañas andinas.

Los indios del Este también hostilizaron a las ciudades del Tucumán, a cuyas vecindades llegaron los del Chaco. Pero más peligrosos fueron éstos para los vecinos de Asunción, que estaba más próxima y se sentía, además, amenazada por los mamelucos de la frontera portuguesa. En esa zona tenían los jesuitas sus reducciones y allí se produjo también una sangrienta insurrección indígena en 1753, cuando los guaraníes de los pueblos de las misiones se resistieron a abandonarlos tal como lo mandaba el tratado firmado entre España y Portugal, tres años antes. La lucha fue dura y concluyó con la derrota de los guaraníes en las lomas de Caibaté en 1756. Poco después, el gobernador del Tucumán, Jerónimo Matorras, consiguió contener a los indios chaqueños que amenazaban su provincia. Esta lucha intermitente y dura con los indios fue una de las preocupaciones fundamentales de los conquistadores en las regiones que constituirían la Argentina. Crecía el número de mestizos, ingresaban nutridos grupos de esclavos negros, pero se deshacía la personalidad colectiva de las poblaciones indígenas. En la llanura, se salvaron alejándose por las tierras desiertas, disputando a los conquistadores la captura de los ganados, que los indios desplazaban hacia sus propios dominios extendidos hasta los valles chilenos. En el Tucumán, procuraban retraerse hacia los valles más protegidos. Así, las ciudades recién fundadas fueron ínsulas en medio de un desierto hostil. En el Río de la Plata, el gobernador Pedro de Cevallos volvió a ocupar la Colonia del Sacramento en 1762, y la diplomacia portuguesa volvió a recuperarla poco después.

El contrabando continuó intensamente. Entre tanto, los cambios políticos e ideológicos que se producían en España a fines del siglo XVIII repercutieron en Buenos Aires cuando el conde de Aranda, ilustrado ministro de Carlos III designó gobernador de la provincia a Francisco de Paula Bucarelli. Reemplazaba a Cevallos, notorio amigo de los jesuitas, con la misión de cumplir la orden de expulsar a éstos del Río de la Plata, tal como la Corona lo había resuelto para todos sus dominios. La medida se cumplió en 1766 y se fundaba en el exceso de poder que la Compañía de Jesús había alcanzado.

Signo de regalismo, la expulsión de los jesuitas reflejaba la orientación política de Carlos III y de sus ministros. En Buenos Aires, un hecho tan insólito tenía que dividir las opiniones. La ciudad alcanzaba los veinte mil habitantes y comenzaba a renovar su fisonomía. Dos años antes se había erigido la torre en el edificio del Cabildo y la fábrica de la catedral comenzaba a avanzar. Las iglesias del Pilar, de Santo Domingo, de las Catalinas, de San Francisco, de San Ignacio y otras más se levantaban ya en distintos lugares de la ciudad, exhibiendo su fisonomía barroca. En la Recova discutían los vecinos y comenzaban a polarizarse las opiniones entre los amigos del progreso y los amigos de la tradición. La llegada del nuevo gobernador Juan José de Vértiz, criollo y progresista, acentuó las tensiones que comenzaban a advertirse en el Río de la Plata.

IV. LA ÉPOCA DEL VIRREINATO (1776-1810)

En el último cuarto del siglo XVIII, la Corona española creó el virreinato del Río de la Plata. La colonia había progresado: crecía su población, crecían las estancias que producían sebo, cueros y ahora también tasajo, todos productos exportables, y se desarrollaban los cultivos. Concolorcorvo, un funcionario español que recorrió el país y publicó su descripción en 1773 con el título de *El lazarillo de ciegos caminantes*, había señalado en las colonias rioplatenses, antes tan apagadas en relación con el brillo de México o Perú, nuevas posibilidades de desarrollo, porque a la luz de las ideas económicas de la fisiocracia, ahora en apogeo, la tierra constituía el fundamento de la riqueza. Esas consideraciones y la necesidad de resolver el problema de la Colonia del Sacramento aconsejaban la creación de un gobierno autónomo en Buenos Aires.

Una Real Cédula del 1° de agosto de 1776 creó el virreinato y designó virrey a Pedro de Cevallos. Las gobernaciones del Río de la Plata, del Paraguay y del Tucumán, y los territorios de Cuyo, Potosí, Santa Cruz de la Sierra y Charcas quedaron unidos bajo la autoridad virreinal, y así se dibujó el primer mapa de lo que sería el territorio argentino.

Cevallos logró pronto derrotar a los portugueses y recuperar la Colonia del Sacramento. Pero suprimida esta puerta de escape del comercio porteño, Cevallos trató de remediar la situación dictando el 6 de noviembre de 1777 un "Auto de libre internación" en virtud del cual quedó autorizado el comercio de Buenos Aires con Perú y Chile. Esta medida, resistida por los peruanos como la creación misma del virreinato, revelaba una nueva política económica y fue completada poco después con otra que ampliaba el comercio con la península. Se advirtió entonces un florecimiento en la vida de la colonia, tanto en las pequeñas ciudades del interior como en Buenos Aires, hacia la que empezaban ahora a mirar las que antes se orientaban hacia el Perú y Chile. El tráfico de carretas se hizo más intenso y las relaciones entre las diversas partes del virreinato más estrechas. Y la actividad creció más aún cuando, en 1791, se autorizó a las naves extranjeras que traían esclavos a que pudieran llevar de retorno frutos del país. En su aduana, creada en 1778, Buenos Aires comenzó a recoger los beneficios que ese tráfico dejaba al fisco.

Vértiz, designado virrey en 1777, impulsó vigorosamente ese progreso y, naturalmente, suscitó tanto encono como adhesión. La pequeña aldea, cuya actividad económica crecía con nuevo ritmo, comenzó a agitarse y su población a dividirse según diversos intereses y distintas ideas. Los comerciantes que usufructuaban el antiguo monopolio comercial se lanzaron a la defensa de sus intereses amenazados por la nueva política económica, de la cual esperaban otros grupos obtener ventaja; y este conflicto se entrecruzó con el enfrentamiento ideológico de partidarios y enemigos de la expulsión de los jesuitas, de progresistas y tradicionalistas.

Cada una de las innovaciones de Vértiz fue motivo de agrias disputas. Siendo gobernador había fundado la Casa de Comedias, en la que vieron los tradicionalistas una amenaza contra la moral. Cuando ejerció el virreinato instaló en Buenos Aires la primera imprenta, y junto con las primeras cartillas y catecismos, se imprimió allí, en 1780, la circular por la que difundía la creación del Tribunal del

Protomedicato, para que nadie pudiera ejercer la medicina sin su aprobación. La misma intención de mejorar el nivel cultural y social de la colonia movió al virrey a crear el Colegio de San Carlos, cuyos estudios dirigió Juan Baltasar Maciel, espíritu ilustrado y uno de los raros poseedores en Buenos Aires de las obras de los enciclopedistas. Una casa de niños expósitos, un hospicio para mendigos, un hospital para mujeres dieron a la ciudad un aire de progreso que correspondía al nuevo aspecto que le daban el paseo de la Alameda, los faroles de aceite en las vías más transitadas y el empedrado de la actual calle Florida.

También las ciudades del interior comenzaron a prosperar, y entre todas Córdoba, donde abundaban las casas señoriales y las ricas iglesias. A esa prosperidad contribuyó mucho la nueva organización del virreinato que, en 1782, quedó dividido en ocho intendencias —Buenos Aires, Charcas, La Paz, Potosí, Cochabamba, Paraguay, Salta del Tucumán y Córdoba del Tucumán—, y en varios gobiernos subordinados. Al frente de cada intendencia había un gobernador intendente al que se le confiaban funciones de policía, justicia, hacienda y guerra; y la autonomía que cobraron los gobiernos locales favoreció la formación de un espíritu regional y estimuló el desarrollo de las ciudades que constituían el centro de la región. Pero Buenos Aires acrecentó su autoridad no sólo por su importancia económica, sino también por ser la sede del gobierno virreinal y la de la Audiencia, que se instaló en 1785.

Los sucesores de Vértiz no tuvieron el brillo de su antecesor. Cinco años duró el gobierno del marqués de Loreto que sucedió a aquél en 1784. Cuando, a su vez, fue sustituido en 1789 por Nicolás de Arredondo, el mundo se conmovió con el estallido de la Revolución Francesa. La polarización de las opiniones comenzó a acentuarse y no faltó por entonces en la aldea quien pensara en promover movimientos de libertad. Ese año, en la Casa de Comedias, estrenó Manuel José de Lavardén su *Siripo*, la primera tragedia argentina. Más interés que la grave conmoción que comenzaba en el mundo despertó, sin embargo, la creación del Consulado de Buenos Aires. Acababa de autorizarse el tráfico con naves extranjeras y la nueva institución se encargó desde 1794 de vigilarlo. Un criollo educado en España y compenetrado de las nuevas doctrinas económicas, Manuel Belgrano, fue encargado de la secretaría del nuevo organismo, y en él defendió los principios de la libertad de comercio y combatió a los comerciantes monopolistas. Poco después, el Consulado creaba una "escuela de geometría, arquitectura, perspectiva y toda especie de dibujo" y más tarde una escuela náutica.

Quizá la agitación que reinaba en Europa promovió la publicación de los primeros periódicos. En 1801, Francisco Antonio Cabello comenzó a publicar en Buenos Aires el *Telégrafo Mercantil* y al año siguiente editó Hipólito Vieytes el *Semanario de agricultura, industria y comercio*. Además de las noticias que conmovían al mundo, ya amenazado por Napoleón, encontraban los porteños en sus periódicos artículos sobre cuestiones económicas que ilustraban sobre la situación de la colonia e incitaban a pensar sobre nuevas posibilidades. Para algunos, las nuevas ideas que los periódicos difundían eran ya familiares a través de los libros que subrepticiamente llegaban al Río de la Plata; para otros, como Mariano Moreno, a través de los que habían podido leer en Charcas, donde abundaban; y para otros, como Manuel Belgrano, a través de su contacto con los ambientes ilustrados de Europa.

En 1804, poco después de proclamarse Napoleón emperador de los franceses y de reiniciarse la guerra entre Francia e Inglaterra, fue nombrado virrey el marqués de Sobremonte. Al año siguiente, Inglaterra aniquiló a la armada española en Trafalgar y comenzó a mirar hacia las posesiones ultramarinas de España. Sobremonte debió afrontar una difícil situación.

Una flota inglesa apareció en la Ensenada de Barragán el 24 de junio de 1806 y desembarcó una fuerza de 1500 hombres al mando del general Beresford. Sobremonte se retiró a Córdoba desde donde viajó más tarde a Montevideo, y los ingleses ocuparon el fuerte de Buenos Aires. Algunos comerciantes se regocijaron con el cambio, porque Beresford se apresuró a reducir los derechos de aduana y a establecer la libertad de comercio. Pero la mayoría de la población no ocultó su hostilidad y las autoridades comenzaron a preparar la resistencia. Juan Martín de Pueyrredón desafió al invasor con un cuerpo de paisanos armados, pero fue vencido en la chacra de Perdriel. Más experimentado, el jefe del fuerte de la Ensenada de Barragán, Santiago de Liniers, se trasladó a Montevideo y organizó allí un cuerpo de tropas con el que desembarcó en el puerto de Las Conchas el 4 de agosto. Seis días después, Liniers intimaba a los ingleses desde su campamento de los corrales de Miserere. Su ultimátum fue rechazado y emprendió el ataque contra el fuerte el 12 de agosto. Beresford ofreció la rendición.

El episodio bélico había terminado, pero sus consecuencias políticas fueron graves. Ausente el virrey, y ante la presión popular, un cabildo abierto reunido en Buenos Aires el 14 de agosto encomendó el mando militar de la plaza a Liniers, que se hizo cargo de él desoyendo las protestas de Sobremonte. Las inquietudes políticas se intensificaron por las implicaciones que la decisión tenía. Liniers era francés y poco antes el emperador Napoleón había derrotado a la tercera coalición en Austerlitz. Los ingleses, por su parte, habían despertado el entusiasmo de los comerciantes, mientras España se sentía al borde de la catástrofe. Todo hacía creer que podían producirse cambios radicales en la situación de

!a colonia y cada uno comenzaba a pensar en las soluciones que debía preferir.

Por si los invasores volvían, Liniers organizó las milicias para la defensa, con los nativos de Buenos Aires el cuerpo de Patricios, con los del interior el de Arribeños; y así fueron formándose los de húsares, pardos y morenos, gallegos, catalanes, cántabros, montañeses y andaluces. Todos los vecinos se movilizaron para la defensa, y Liniers, impuesto por la voluntad popular, estableció que los jefes y oficiales de cada cuerpo fueran elegidos por sus propios integrantes. El principio de la democracia comenzó a funcionar, pero el distingo entre españoles y criollos quedó manifiesto en la formación de la milicia popular.

A principios de febrero de 1807, se supo en Buenos Aires que una nueva expedición inglesa acababa de apoderarse de Montevideo. Napoleón había entrado triunfante en Berlín después de vencer en Jena y en Auerstadt. Los ingleses mantenían sus objetivos fundamentales. El día 10, Liniers convocó a una junta de guerra que decidió deponer al virrey Sobremonte en vista de que también había fracasado en Montevideo, y encomendó el gobierno a la Audiencia. Era una decisión revolucionaria. La población de Buenos Aires se mostraba decidida a defenderse, pese a la propaganda que los ingleses hacían en la *Estrella del Sur*, un periódico en el que exaltaban las ventajas que tendría para el Río de la Plata la libertad de comercio. Y cuando el general Whitelocke desembarcó en la Ensenada de Barragán el 28 de junio, se encontró con una preparación militar superior a la que se le había opuesto a Beresford.

Con todo, pudieron los ingleses dispersar a los primeros contingentes; pero la ciudad toda, bajo la dirección del alcalde Martín de Álzaga, se fortificó mientras Liniers organizaba sus líneas. La lucha fue dura y el 6 de julio Whitelocke pidió la capitulación. Los ingleses tuvieron que abandonar sus posiciones en el Río de la Plata y Buenos Aires volvió a ser lo que fue.

Pero sólo en apariencia. La situación había cambiado profundamente a causa de las experiencias realizadas, dentro del cuadro de una situación internacional muy oscura. La hostilidad entre partidarios del monopolio y partidarios del libre comercio, representados los primeros por los comerciantes españoles y los segundos por hacendados generalmente criollos, se hizo más intensa. Pero al mismo tiempo, se confundía ese enfrentamiento con el de criollos y peninsulares a causa de los privilegios que la administración colonial otorgaba a estos últimos, injustos cada vez más a la luz de las ideas de igualdad y libertad difundidas por la revolución norteamericana y la francesa. Y esa situación se había hecho más patente a partir del momento en que la necesidad de la defensa contra los invasores llamó a las armas a los hijos del país, permitiéndoles intervenir en las decisiones fundamentales de la vida política.

Alrededor de Liniers se agrupaban los criollos, muchos de ellos exaltados ya y trabajados por un vago anhelo de provocar cambios radicales en la vida colonial. Pero Liniers se mantenía leal a la Corona, aunque a su alrededor no faltaban los que aspiraban a separar la colonia del gobierno español, debilitado por la política napoleónica. Un vasto cuadro de intrigas y de negociaciones comenzó entonces.

Por una parte, trataban algunos de los que habían pensado en lograr la independencia bajo el protectorado inglés, de coronar a la princesa Carlota Joaquina, hermana de Fernando VII y por entonces en Río de Janeiro como esposa del regente de Portugal. Saturnino Rodríguez Peña logró interesar en tal proyecto a hombres tan influyentes como Belgrano, Pueyrredón, Paso y Moreno; pero el proyecto chocó con serias dificultades. Por otra, pensaron algunos que la abdicación de Carlos IV y Fernando VII al trono español y su reemplazo por José Bonaparte creaba una situación definitiva que era menester aceptar. Pero Liniers se mantuvo fiel a su punto de vista y, ya designado virrey, ordenó jurar fidelidad a Fernando VII. No pudo evitar sin embargo, la desconfianza de los grupos peninsulares, y el 1° de enero de 1809 se alzaron contra él dirigidos por Álzaga y con el apoyo de los cuerpos de vizcaínos, gallegos y catalanes.

Los cuerpos de criollos, en cambio, encabezados por el jefe de los patricios, Cornelio Saavedra, sostuvieron a Liniers, que con ese apoyo decidió resistir, pese a que el gobernador de Montevideo, Javier de Elío, respaldaba la insurrección. Los rebeldes fueron sometidos y deportados a Patagones. Pero la situación siguió agravándose, sobre todo después de las insurrecciones de Chuquisaca y La Paz, destinadas a suplantar a las autoridades españolas por juntas populares como las que se constituían en España para resistir a los franceses.

Una de éstas, la Junta Central de Sevilla, designó nuevo virrey a Baltasar Hidalgo de Cisneros, que se hizo cargo del poder en julio de 1809. Poco después disponía el regreso de los deportados por Liniers y la reorganización de los cuerpos militares de origen peninsular. El enfrentamiento con los criollos era inevitable.

Tercera parte

LA ERA CRIOLLA

La creación del virreinato coincidió con el desencadenamiento de la revolución industrial en Inglaterra. Treinta y cuatro años después, España perdía gran parte de sus colonias americanas, precisamente cuando ese profundo cambio que se había operado en el sistema de la producción comenzaba a dar frutos maduros. Inevitablemente, las nuevas naciones que surgieron del desvanecido imperio español —y la Argentina entre ellas— se incorporaron en alguna medida al área económica de Inglaterra, que dominaba las rutas marítimas desde mucho antes y que ahora buscaba nuevos mercados para sus pujantes industrias.

La Argentina recibió productos manufacturados ingleses en abundancia, y este intercambio fue ocasión para que se radicara en el país un buen número de súbditos británicos. Cosa curiosa, se hicieron a la vida de campo, fundaron prósperas estancias y adoptaron las costumbres criollas. Hijo de uno de ellos fue Guillermo Hudson, que tanto escribiría después sobre la vida del campo rioplatense. El país que nació en 1810 era esencialmente criollo. Políticamente independiente, su debilidad, su desorganización y su inestabilidad lo forzaron a inscribirse dentro del área económica de la nueva potencia industrial que golpeaba a sus puertas. Pero la independencia dejó en manos de los criollos las decisiones políticas, y los criollos las adoptaron por su cuenta en la medida en que pudieron. Criolla era la composición social del país que, con la independencia no alteró su fisonomía étnica y demográfica, criollas fueron las tradiciones y la cultura, y criolla fue la estructura económica en la medida en que reflejaba los esquemas de la época virreinal. Hasta 1880, aproximadamente, se mantuvo sin grandes cambios esta situación, y por eso puede hablarse de una era criolla para caracterizar los primeros setenta años de la vida independiente del país.

El problema fundamental de la vida argentina durante la era criolla fue el ajuste del nuevo país y su organización dentro de los moldes del viejo virreinato. Había en el fondo de esta situación algunas contradicciones difíciles de resolver. En un régimen de independencia política que proclamó los principios de libertad y democracia, la hegemonía de Buenos Aires, con los caracteres que había adquirido durante la colonia, no podía ser tolerada. La lucha fue, en última instancia, entre la poderosa capital, que poseía el puerto y la aduana, y el resto del país que languidecía. Fue una lucha por la preponderancia política, pero era un conflicto derivado de los distintos grados de desarrollo económico. Sólo a lo largo de setenta años y en medio de duras experiencias pudieron hallarse las fórmulas para resolver el conflicto.

Esas fórmulas debían atender a las exigencias de la realidad, pero no podían desentenderse de las corrientes de ideas que prevalecían por el mundo. El espíritu del siglo XVIII, que en Buenos Aires perpetuaba el poeta Juan Cruz Varela, declinaba para dejar paso al Romanticismo, una nueva actitud de los comienzos del siglo XIX que inspiraba tanto al arte como al pensamiento. Echeverría, el poeta de *La cautiva*, desafiaba al Río de la Plata con el alarde de la nueva sensibilidad; pero lo desafiaba también con las audacias de su pensamiento liberal. El absolutismo se había impuesto en Europa, después de la caída de Napoleón, y el liberalismo luchó denodadamente contra él. A la Santa Alianza inspirada por el zar Alejandro y por Metternich se opuso la "Joven Europa" inspirada por Mazzini. Desde cierto punto de vista, la oposición rioplatense entre federales y unitarios era un reflejo de esa antítesis; pero tenía además otros contenidos, ofrecidos por la realidad del país: la oposición entre Buenos Aires y el interior, entre el campo y las ciudades, entre los grupos urbanos liberales y las masas rurales acostumbradas al régimen paternal de la estancia. Fue necesario mucho sufrimiento y mucha reflexión para disociar las contradicciones entre la realidad y las doctrinas.

La dura experiencia de los caudillos federales dentro del país y de los políticos liberales emigrados cuajó finalmente en ciertas fórmulas transaccionales que fueron elaborando poco a poco Echeverría, Alberdi y Urquiza, entre otros. Esa fórmula triunfó en Caseros y se impuso en la Constitución de 1853. Consistía en un federalismo adecuado a las formas institucionales de una democracia representativa y basado en dos acuerdos fundamentales: la nacionalización de las rentas aduaneras y la transformación economicosocial del país. Cuando el plan se puso en marcha, habían estallado en Europa las revoluciones de 1848, hijas del liberalismo, por una parte, y de la experiencia de la nueva sociedad industrial, por otra. Las ideas cambiaban de fisonomía. El socialismo comenzaba a abrirse paso; por su parte, el viejo absolutismo declinaba y Napoleón III tuvo que disfrazarlo de movimiento popular; el liberalismo, en cambio, triunfaba, pero se identificaba con la forma de la democracia que la burguesía triunfante prefería.

El cambio de fisonomía de las doctrinas correspondía al progresivo desarrollo de la sociedad industrial que se alcanzaba en algunos países europeos. Lo acompañaba el desarrollo de las ciencias experimentales y el empuje del pensamiento filosófico del positivismo. Cambiaba la mentalidad de la burguesía dominante y cambiaban las condiciones de vida. También cambiaba la condición de los mercados, porque las ciudades industriales de Europa requerían alimentos para sus crecientes poblaciones y materias primas para sus industrias. La demanda de todo ello debía atraer la atención de un país casi despoblado y productor virtual de materias primas, en el que la burguesía liberal acababa de llegar al poder después de Caseros.

La organización institucional de la República y la promoción de un cambio radical en la estructura economicosocial cierran el ciclo de la era criolla cuya clausura se simboliza en la federalización de Buenos Aires en 1880. Poco a poco comenzaría a verse que las transformaciones provocadas en la vida argentina configurarían una nueva era de su desarrollo.

V. LA INDEPENDENCIA DE LAS PROVINCIAS UNIDAS (1810-1820)

Dos aspectos tenía el enfrentamiento entre criollos y peninsulares. Para algunos había llegado la ocasión de alcanzar la independencia política, y con ese fin constituyeron una sociedad secreta Manuel Belgrano, Nicolás Rodríguez Peña, Juan José Paso, Hipólito Vieytes, Juan José Castelli, Agustín Donado y muchos que, como ellos, habían aprendido en los autores franceses el catecismo de la libertad. Para otros, el problema fundamental era modificar el régimen económico, hasta entonces favorable a los comerciantes monopolistas; y para lograrlo, los hacendados criollos, tradicionales productores de cueros y desde no hacía muchos años de tasajo, procuraron forzar la voluntad de Cisneros, exaltando las ventajas que para el propio fisco tenía el libre comercio. Los que conspiraban coincidían en sus anhelos y en sus intereses con los que peticionaban a través del documento que redactó Moreno —acaso bajo la inspiración doctrinaria de Belgrano— conocido como la *Representación de los hacendados*; y esa coincidencia creaba una conciencia colectiva frente al poder constituido, cuya debilidad crecía cada día.

Las tensiones aumentaron cuando, en mayo de 1810, se supo en Buenos Aires que las tropas napoleónicas triunfaban en España y que por todas partes se reconocía la autoridad real de José Bonaparte. Con el apoyo de los cuerpos militares nativos, los criollos exigieron de Cisneros la convocatoria de un cabildo abierto para discutir la situación. La reunión fue el 22 de mayo, y las autoridades procuraron invitar el menor número posible de personas, eligiéndolas entre las más seguras. Pero abundaban los espíritus inquietos entre los criollos que poseían fortuna o descollaban por su prestigio o por sus cargos, a quienes no se pudo dejar de invitar; así, la asamblea fue agitada y los puntos de vista categóricamente contrapuestos. Mientras los españoles, encabezados por el obispo Lué y el fiscal Villota, opinaron que no debía alterarse la situación, los criollos, por boca de Castelli y Paso, sostuvieron que debía tenerse por caduca la autoridad del virrey, a quien debía reemplazarse por una junta emanada del pueblo. La tesis se ajustaba a la actitud que el pueblo había asumido en España, pero resultaba más revolucionaria en la colonia puesto que abría las puertas del poder a los nativos y condenaba la preeminencia de los españoles.

Computados los votos, la tesis criolla resultó triunfante, pero al día siguiente el cabildo intentó tergiversarla constituyendo una junta presidida por el virrey. El clamor de los criollos fue intenso y el día 25 se manifestó en una demanda enérgica del pueblo, que se había concentrado frente al Cabildo encabezado por sus inspiradores y respaldado por los cuerpos militares de nativos. El cabildo comprendió que no podía oponerse y poco después, por delegación popular, quedó constituida una junta de gobierno que presidía Saavedra e integraban Castelli, Belgrano, Azcuénaga, Alberti, Matheu y Larrea como vocales, y Paso y Moreno como secretarios.

No bien entró en funciones comprendió la Junta que el primero de los problemas que debía afrontar era el de sus relaciones con el resto del virreinato, y como primera providencia invitó a los cabildos del interior a que enviaran sus diputados. Como era seguro que habría resistencia, se dispuso en seguida la organización de dos expediciones militares. Montevideo, Asunción, Córdoba y Mendoza se mostraron hostiles a Buenos Aires. Moreno procuró salir al paso de todas las dificultades con un criterio radical: propuso enérgicas medidas de gobierno, mientras redactaba diariamente los artículos de la *Gazeta de Buenos Aires*, que fundó la Junta para difundir sus ideas y sus actos, inequívocamente orientados hacia una política liberal.

El periódico debía contribuir a crear una conciencia popular favorable al gobierno. Moreno veía la revolución como un movimiento criollo, de modo que los que antes se sentían humillados comenzaron a considerarse protagonistas de la vida del país. El poeta Bartolomé Hidalgo comenzaba a exaltar al hijo del país, al gaucho, en el que veía al espontáneo sostenedor de la independencia. Pero Moreno pensaba que el movimiento de los criollos debía canalizarse hacia un orden democrático a través de la educación popular, que permitiría la difusión de las nuevas ideas. Frente a él, comenzaron a organizarse las fuerzas conservadoras, para las que el gobierno propio no significaba sino la transferencia de los privilegios de que gozaban los funcionarios y los comerciantes españoles a los funcionarios y hacendados criollos que se enriquecían con la exportación de los productos ganaderos.

Los intereses y los problemas se entrecruzaban. Los liberales y los conservadores se enfrentaban por sus opiniones; pero los porteños y las gentes del interior se enfrentaban por sus opuestos intereses. Buenos Aires aspiraba a mantener la hegemonía política heredada del virreinato; y en ese designio comenzaron los hombres del interior a ver el propósito de ciertos sectores de asegurarse el poder y las ventajas económicas que proporcionaba el control de la aduana porteña. Intereses e ideologías se confundían en el delineamiento de las posiciones políticas, cuya irreductibilidad conduciría luego a la guerra civil.

La expedición militar enviada al Alto Perú para contener a las fuerzas del virrey de Lima consiguió sofocar en Córdoba una contrarrevolución, y la Junta ordenó fusilar en Cabeza de Tigre a su jefe, Liniers, y a los principales comprometidos. Pero los sentimientos conservadores predominaban en el interior aun entre los partidarios de la revolución; de modo que cuando Moreno comprendió la influencia que ejercerían los diputados que comenzaban a llegar a Buenos Aires, se opuso a que se incorporaran al gobierno ejecutivo. La hostilidad entre los dos grupos estalló entonces. Saavedra aglutinó los grupos conservadores y Moreno renunció a su cargo el 18 de diciembre. Poco antes, el ejército del Alto Perú había vencido en la batalla de Suipacha; pero en cambio, el ejército enviado al Paraguay fue derrotado no mucho después en Paraguarí y Tacuarí. Al comenzar el año 1811, el optimista entusiasmo de los primeros días comenzaba a ceder frente a los peligros que la revolución tenía que enfrentar dentro y fuera de las fronteras.

Tras la renuncia de Moreno, los diputados provincianos se incorporaron a la Junta y trataron de forzar la situación provocando un motín en Buenos Aires entre el 5 y el 6 de abril. Los morenistas tuvieron que abandonar sus cargos, pero sus adversarios no pudieron evitar el desprestigio que acarreó al gobierno la derrota de Huaqui, ocurrida el 20 de junio. La situación hizo crisis al conocerse la noticia en Buenos Aires un mes después y los morenistas recuperaron el poder y modificaron la estructura del gobierno creando un poder ejecutivo de tres miembros —el Triunvirato— uno de cuyos secretarios fue Bernardino Rivadavia.

Con él la política de Moreno volvió a triunfar. Se advirtió en los artículos de la *Gazeta*, inspirados o escritos por Monteagudo; en el estímulo de la biblioteca pública; en el desarrollo de la educación popular y también en las medidas políticas del Triunvirato: por una parte, la disolución de la

Junta Conservadora, en la que habían quedado agrupados los diputados del interior, y por otra, la supresión de las juntas provinciales que aquélla había creado que fueron sustituidas por un gobernador designado por el Triunvirato.

Una acción tan definida debía originar reacciones. El cuerpo de Patricios se sublevó con un pretexto trivial y poco después estuvo a punto de estallar una conspiración dirigida por Álzaga. En ambos casos fue inexorable el Triunvirato, angustiado por la situación interna y por los peligros exteriores. El 24 de septiembre Belgrano detuvo la invasión realista en la batalla de Tucumán: poco antes había izado por primera vez la bandera azul y blanca para diferenciar a los ejércitos patriotas de los que ya consideraba sus enemigos.

También amenazaban los realistas desde Montevideo. Un ejército había llegado desde Buenos Aires para apoderarse del baluarte enemigo y había logrado vencer a sus defensores en Las Piedras. Montevideo fue sitiada y los realistas derrotados nuevamente en el Cerrito a fines de 1812. Quedaba el peligro de las incursiones ribereñas de la flotilla española, y el Triunvirato decidió crear un cuerpo de granaderos para la vigilancia costera. La tarea de organizarlo fue encomendada a José de San Martín, militar nativo y recién llegado de Londres, después de haber combatido en España contra los franceses, en compañía de Carlos María de Alvear y Matías Zapiola. Habían estado en contacto con el venezolano Miranda, y a poco de llegar se habían agrupado en una sociedad secreta —la Logia Lautaro— cuyos ideales emancipadores coincidían con los de la Sociedad Patriótica que encabezaba Monteagudo y se expresaban en el periódico *Mártir o libre*.

El 8 de octubre de 1812, los cuerpos militares cuyos jefes respondían a la Logia Lautaro provocaron la caída del gobierno acusándolo de debilidad frente a los peligros exteriores. Y, ciertamente, el nuevo gobierno vio triunfar a sus fuerzas en la batalla de San Lorenzo y en la de Salta. El año comenzaba promisoriamente. Entre las exigencias de los revolucionarios de octubre estaba la de convocar una Asamblea General Constituyente, y el 31 de enero de 1813 el cuerpo se reunió en el edificio del antiguo Consulado.

Entonces estalló ostensiblemente el conflicto entre Buenos Aires y las provincias, al rechazar la Asamblea las credenciales de los diputados de la Banda Oriental, a quienes inspiraba Artigas y sostenían decididamente la tesis federalista. Pero pese a ese contraste, la Asamblea cumplió una obra fundamental. Evitando las declaraciones explícitas, afirmó la independencia y la soberanía de la nueva nación: suprimió los signos de la dependencia política en los documentos públicos y en las monedas, y consagró como canción nacional la que compuso Vicente López y Planes anunciando el advenimiento de una "nueva y gloriosa nación".

Como López y Planes, Cayetano Rodríguez y Esteban de Luca cultivaban en Buenos Aires la poesía. El verso neoclásico inflamaba los corazones y Alfieri se representaba en el pequeño Coliseo, donde se cantó con enardecida devoción el recién nacido Himno Nacional y donde el indio Ambrosio Morante, actor y autor, estrenó su tragedia *La batalla de Tucumán*. Pero ya se anunciaba otra poesía, más popular, y en cuyos versos vibraba la emoción del hombre de campo, lleno de sabiduría atávica y de espontánea picardía. La guitarra acompañaba los cielitos y los cantos patrióticos de Bartolomé Hidalgo, y en los patios populares, entre criollos y negros esclavos, resonaban bajo los limoneros los mismos anhelos y las mismas esperanzas que en las alhajadas salas de las familias pudientes, alrededor de los estrados tapizados de rojo o amarillo, en los cuarteles y en los despachos oficiales.

Eran los comienzos del año 1813, rico en triunfos y en esperanzas. Los diputados de la Asamblea pronunciaban vibrantes discursos en cuyos giros se adivinaban las remi-

niscencias tribunicias de las grandes revoluciones. Y movi-
dos por ese recuerdo suprimieron los títulos de nobleza,
otorgaron la libertad a quienes habían nacido de padres esclavos, suprimieron la inquisición y ordenaron que se que-
maran en la plaza pública los instrumentos de tortura. Era
el triunfo del progreso y de las luces.

Pero a medida que pasaban los meses la situación se en-
sombrecía. Alvear y sus amigos agudizaban las pretensiones porteñas de predominio, de las que recelaban cada vez
más los hombres que surgían como jefes en las ciudades y
en los campos del interior. Y en las fronteras, los realistas
derrotaban al ejército del Alto Perú dos veces: en Vilcapu-
gio el 1º de octubre y en Ayohúma el 14 de noviembre de
1813. Fue un duro golpe para la nueva nación y más duro
aún para el jefe vencido, Manuel Belgrano, espíritu genero-
so, siempre dispuesto al sacrificio y entonces sometido a
proceso, precisamente porque todos advertían la gravedad
de la situación creada por la derrota.

En parte por ese sentimiento, y en parte por las ambiciones de Alvear, la Asamblea resolvió a fines de enero de
1814 crear un poder ejecutivo unipersonal con el título de
Director Supremo de las Provincias Unidas. Ocupó el cargo
por primera vez Gervasio Antonio de Posadas. La situación
exterior empeoraba. Mientras trabajaba para constituir una
flota de guerra, Posadas apuró las operaciones frente a
Montevideo, que se habían complicado por las disidencias
entre los porteños y los orientales. El Directorio declaró a
Artigas fuera de la ley, agravándose la situación cuando designó jefe del ejército sitiador a Alvear, el más intransigente
de los porteños. Fue él quien recogió los frutos del largo
asedio y logró entrar en Montevideo en junio de 1814. La
ciudad, jaqueada por la flota que se había logrado armar al
mando del almirante Guillermo Brown, dejó de ser un baluarte español, pero la resistencia de los orientales comenzó

a ser cada vez más enconada, hasta convertirse en ruptura a partir del momento en que Alvear alcanzó la dignidad de Director Supremo en enero de 1815.

Los contrastes militares dividieron las opiniones. Para unos era necesario resistir como hasta entonces; para otros era inevitable acudir al auxilio de alguna potencia extranjera, y el director Alvear creyó que sólo podía pensarse en Gran Bretaña; para San Martín, en cambio, la solución residía en una audaz operación envolvente que permitiera aniquilar el baluarte peruano de los españoles. Eran distintas concepciones del destino de la nueva nación, y cada una movilizó tras ella a fuertes sectores de la opinión. Mientras San Martín logró cierta autonomía para preparar en Cuyo su problemática expedición a Chile y al Perú, Alvear comenzó unas sutiles escaramuzas diplomáticas destinadas a obtener la ayuda inglesa sin reparar en el precio. Quienes no compartían sus opiniones —que fueron la mayoría y especialmente en provincias— no vieron en esa maniobra sino derrotismo y traición. Artigas encabezó la resistencia y las provincias de la Mesopotamia argentina cayeron muy pronto bajo su influencia política.

Ese año de 1815 fundó el padre Castañeda en su convento de la Recoleta una academia de dibujo. Pero la ciudad no vivía la paz del espíritu; sentía las sacudidas que engendraba el conflicto de las pasiones y vivía en estado de exaltación política. Los pueblos del interior no ocultaban su animadversión contra Buenos Aires y el 3 de abril se sublevó en Fontezuelas el ejército con que Alvear contaba para reprimir la insurrección de los santafecinos apoyada por Artigas. La crisis se precipitó. Alvear renunció, la Asamblea fue disuelta, se eclipsó la estrella de la Logia Lautaro y el mando supremo fue encomendado a Rondeau, a la sazón a cargo del ejército del Alto Perú. Pero la revolución federal de Fontezuelas había demostrado la impotencia del gobierno de Buenos Aires y desde entonces el desafío de los pueblos del interior comenzó a hacerse más apremiante.

Era visible que el país marchaba hacia la disolución del orden político vigente desde mayo de 1810 que, por cierto, perpetuaba el viejo sistema virreinal. A esta crisis interna se agregaba la crisis exterior; derrotado Rondeau en Sipe-Sipe en noviembre de 1815, la frontera del norte quedaba confiada a los guerrilleros de Martín Güemes y podía preverse que España —donde Fernando VII había vuelto a ocupar el trono en marzo de 1814— intentaría una ofensiva definitiva. Morelos había caído en México, Bolívar había sido derrotado en Venezuela, y en octubre de 1814 los realistas habían vencido a los patriotas chilenos en Rancagua. La amenaza era grave, y para afrontarla el gobierno convocó un congreso que debía reunirse en la ciudad de Tucumán.

Ante la convocatoria se definieron las encontradas posiciones. Un grupo de diputados, adictos al gobierno de Buenos Aires, apoyaría un régimen centralista, en tanto que otro, fiel a las ideas de Artigas, propondría un régimen federal. El problema se presentaba como una simple preferencia política, pero escondía toda una concepción de la vida económica e institucional del país. La riqueza fundamental era, cada vez más, el ganado que se reunía en las grandes estancias por millares de cabezas, y del que se obtenían productos exportables. Buenos Aires recogía a través de su aduana importantes ingresos que contribuían a acentuar las diferencias que la separaban de las demás provincias. Poco a poco los pueblos del interior adhirieron a la causa del federalismo, del que los hacendados provincianos esperaban grandes ventajas y en el que todos veían una esperanza de autonomía regional. El Congreso no contó con representantes de las provincias litorales, ya en abierto estado de sublevación. Los que llegaron a Tucumán se constituyeron en asamblea en marzo de 1816 y designaron presidente a Francisco Narciso de Laprida. El 3 de mayo se eligió Director Supremo a Juan Martín de Pueyrredón. Luego, bajo la presión de San Martín, que ejercía en Cuyo el cargo de gobernador intendente y preparaba un ejército para cruzar los Andes, el Congreso se propuso decidir la suerte de la nueva nación. Y para invalidar las vagas esperanzas de los indecisos, declaró solemnemente el 9 de julio que era "voluntad unánime e indubitable de estas provincias romper los violentos vínculos que las ligaban a los reyes de España, recuperar los derechos de que fueron despojados e investirse del alto carácter de nación libre e independiente del rey Fernando VII, sus sucesores y metrópoli". Algunos días después los propios diputados juraron defender la independencia y deliberadamente agregaron en la fórmula del juramento que se opondrían a "toda otra dominación extranjera", con lo que se detenían las gestiones en favor de un protectorado inglés.

Si hubo unanimidad para la declaración de la independencia, no la hubo, en cambio, con respecto a la forma de gobierno que adoptarían las Provincias Unidas. La reacción conservadora, que había crecido en Europa tras la caída de Napoleón en 1815, estimulaba a los que pensaban en una solución monárquica, y fue necesaria la firme decisión de fray Justo Santa María de Oro para contenerlos. El Congreso postergó el problema, mientras se acentuaba la tensión interna entre el gobierno de Buenos Aires y las provincias del litoral, alineadas tras la política federalista de Artigas. La situación se había agravado con la invasión de la Banda Oriental por los portugueses, promovida desde Buenos Aires, frente a la cual Artigas combatía solo, con los pobres recursos de los paisanos que lo seguían. Los odios se extremaban y la unidad del país peligraba cada vez más.

En enero de 1817 los portugueses ocuparon Montevideo y obligaron a los orientales a replegarse hacia el límite con las provincias argentinas. Ese mismo año un grupo de hombres de letras fundaba en Buenos Aires la *Sociedad del buen gusto en el teatro*; eran Vicente López, Esteban de Luca, Santiago Wilde, Vélez, Gutiérrez y otros más. El lema de la sociedad era poner la literatura al servicio del pueblo y de la libertad de América. San Martín había terminado sus preparativos militares en Cuyo y comenzó su temeraria operación de cruzar la cordillera de los Andes con un ejército numeroso y bien pertrechado. El 12 de febrero de 1817 cayó sobre el ejército español en la cuesta de Chacabuco y lo derrotó. Así comenzó la crisis del poder español en Chile.

Dentro del país, en cambio, la situación se agravaba. Entre Ríos y Santa Fe aceptaron la autoridad de Artigas, llamado "Protector de los pueblos libres", y desafiaban a Buenos Aires, a cuyas tropas derrotó el "Supremo entrerriano", Francisco Ramírez, en la batalla de Saucecito en marzo de 1818. Pocos días después triunfaba San Martín nuevamente sobre los españoles en el llano de Maipú asegurando la independencia de Chile. Esas victorias, empero, no contribuían a fortalecer el gobierno de Buenos Aires porque San Martín, fiel a su misión, estaba decidido a no participar con sus tropas en la guerra civil.

Frente a las fuerzas del litoral, el Directorio se veía cada vez más débil. Corrientes bajo la autoridad del caudillo artiguista Andresito, Entre Ríos gobernada por Francisco Ramírez y Santa Fe obediente a la voluntad de Estanislao López, formaban un vigoroso bloque con la Banda Oriental, encabezada por Artigas. Dos veces vencedor de las tropas del Directorio, Estanislao López se propuso organizar institucionalmente la provincia de Santa Fe y promovió en 1819 la sanción de una constitución provincial, decididamente democrática y federal. Ese mismo año, el congreso nacional, que ahora sesionaba en Buenos Aires, había sancionado una carta constitucional para las Provincias Unidas, inspirada por principios aristocráticos y centralistas. Los dos documentos contemporáneos revelaban la irreductible oposición de los bandos en pugna y, en general, la reacción provinciana contra la constitución nacional de 1819 fue categórica.

La crisis no se hizo esperar. Las tropas entrerrianas y santafecinas se dirigieron hacia Buenos Aires en octubre de 1819 y el Directorio no vaciló en solicitar la ayuda del general Lecor, jefe de las tropas portuguesas que ocupaban Montevideo. El imperdonable recurso no hizo sino agravar la discordia. El ejército del norte, que era el único con que contaba el Directorio, recibió orden de bajar apresuradamente hacia el sur, pero al llegar a la posta de Arequito se sublevó a instancias del general Bustos, que se preparaba para apartar a la provincia de Córdoba de la obediencia de Buenos Aires. El director Rondeau recurrió a la movilización de las milicias y se enfrentó en la cañada de Cepeda con las tropas del litoral el 1º de febrero de 1820: su derrota fue definitiva.

La crisis había alcanzado una decisión. Los vencedores exigieron la desaparición del poder central, la disolución del Congreso y la plena autonomía de las provincias. Bustos acababa de asegurársela a Córdoba, Ibarra lo imitó en Santiago del Estero, Aráoz en Tucumán, Ocampo en La Rioja, y entre tanto se desintegró la Intendencia de Cuyo dando origen a tres provincias. Ante los hechos consumados, el director Rondeau renunció. También Buenos Aires se constituyó como provincia independiente, y su primer gobernador, Sarratea, firmó el 23 de febrero de 1820 con los jefes triunfantes el tratado del Pilar, en el que se admitía la necesidad de organizar un nuevo gobierno central, pero sobreentendiendo la caducidad del que hasta entonces existía en Buenos Aires; la federación debía ser el principio político del nuevo régimen, pero el principio económico fundamental debía ser la libre navegación de los ríos Paraná y Uruguay. Así se definía el pleito tradicional entre la Aduana de Buenos Aires —en la que los grupos porteños sabían que descansaba, según la tradición virreinal, su hegemonía— y las provincias litorales, cuyos ganaderos aspiraban a compartir las posibilidades económicas que ofrecía la exportación de cueros, sebos y tasajos.

Con el tratado del Pilar terminaba una época: la de las Provincias Unidas, durante la cual pareció que la unión era compatible con la subsistencia de la estructura del antiguo virreinato. Ahora comenzaba otra: la época de la desunión de las provincias, durante la cual los grupos regionales, los grupos económicos y los grupos ideológicos opondrían sus puntos de vista para encontrar una nueva fórmula para la unidad nacional.

VI. LA DESUNIÓN DE LAS PROVINCIAS
(1820- 1835)

Desaparecido el régimen que las unía, cada una de las provincias buscó su propio camino. Los grandes propietarios, los fuertes caudillos, los comerciantes poderosos y los grupos populares de las ciudades que gravitaban en la plaza pública procuraron imponer sus puntos de vista y provocaron, con sus encontrados intereses, situaciones muy tensas, hasta que alguien logró imponer su autoridad con firmeza. Y según quién fuera y qué intereses representara, cada provincia adoptó un modo de vida que definiría con el tiempo sus características y su papel en el conjunto de la nación: porque en 1820 había desaparecido el gobierno de las Provincias Unidas, pero no la indestructible convicción de la unidad nacional.

Sólo en la provincia de la Banda Oriental predominaron circunstancias desfavorables a su permanencia dentro de la comunidad nacional argentina. La incomprensión de que Artigas había sido víctima por parte del gobierno de Buenos Aires, convertida luego en abierta hostilidad, predispuso el ánimo de los orientales a la separación; pero aun así no se hubiera consumado a no mediar más tarde los intereses británicos que deseaban un puerto en el Río de la Plata que fuera ajeno tanto a la autoridad del Brasil como a la de la Argentina. Cuando Artigas fue derrotado por los invasores portugueses en 1820 en la batalla de Tacuarembó, buscó el apoyo de los caudillos del litoral sin lograrlo. Desapareció entonces de la escena política, y la Banda Oriental quedó anexada a Portugal, primero, y al Imperio del Brasil, cuando éste se constituyó en 1822.

Un sector importante, sin embargo, apoyaba el mantenimiento de la provincia oriental dentro del ámbito de las antiguas Provincias Unidas. En abril de 1825 treinta y tres orientales reunidos en Buenos Aires a las órdenes de Juan Antonio Lavalleja desembarcaron en la Banda Oriental, sublevaron la campaña contra los brasileños y pusieron sitio a Montevideo. Poco después, los rebeldes reunían un congreso en La Florida y el 25 de agosto declaraban la anexión de la Banda Oriental a la República de las Provincias Unidas. El congreso nacional, que por entonces estaba reunido en Buenos Aires, aceptó la anexión, cuyas consecuencias fueron graves: el Imperio del Brasil declaró la guerra al gobierno de Buenos Aires.

Para esa época, la suerte de los caudillos triunfantes en Cepeda había cambiado mucho, y con ella la de las provincias que les obedecían. Francisco Ramírez, vencedor de Artigas, había declarado la independencia de la "República de Entre Ríos" en septiembre de 1820, y acariciaba sueños de predominio sobre vastas regiones y acaso sobre el país entero. Pero ni siquiera logró dominar a Estanislao López, que se le opuso en Santa Fe. Con la ayuda del chileno José Miguel Carrera, jefe de una partida de indios que asolaba la campaña bonaerense, pretendió lanzarse sobre Buenos Aires; pero tuvo que enfrentar primero a López y fue derrotado. Bustos, gobernador de Córdoba, que también soñaba con su propia hegemonía, lo volvió a derrotar, y en la retirada, fue muerto Ramírez cuando se detuvo para defender a su amante, que lo acompañaba en sus entreveros. Desde entonces, Entre Ríos se mantuvo dentro de sus límites y, en las luchas por el poder, tuvo menos peso que Santa Fe, donde Estanislao López afirmaba su dominio y organizaba a su modo la provincia con la habilidad necesaria para no perder su autoridad local ni atraerse la cólera de sus rivales vecinos.

Entre ellos, Bustos parecía el más peligroso, porque desde Córdoba podía aglutinar fácilmente el interior del país contra Buenos Aires. Pero sus esperanzas se vieron frustradas por otras aspiraciones semejantes a las suyas en comarcas vecinas. En Santiago del Estero, Felipe Ibarra se había separado de Tucumán y luchaba al lado de Juan Facundo Quiroga, que desde 1891 dominaba la provincia de La Rioja. Juntos, se enfrentaron con Catamarca y con Tucumán, partidarias por entonces de la unión con Buenos Aires, en una sucesión interminable de luchas en las que se disputaba la hegemonía del norte del país. Algunas provincias se dieron constituciones o reglamentos provisionales para fundar un orden dentro de sus límites, generalmente henchidos de declaraciones no menos utópicas que las que habían caracterizado los documentos de los grupos porteños, porque no condecían con la pobreza y el escaso desarrollo económico, social y cultural que las provincias habían alcanzado. Y, de hecho, quienes lograron mantener la autoridad fueron sólo aquellos que recurrieron a la fuerza y la mantuvieron por medios despóticos, vigilando estrechamente tanto a sus adversarios dentro de su área de influencia como a sus rivales de las provincias vecinas.

No menos grave era la situación de Cuyo. En Mendoza, las montoneras agitaron la vida de la provincia hasta que Juan Lavalle impuso su autoridad en 1824. Pero fue grave para ella la separación de San Juan, donde el gobierno autónomo ejerció una acción esclarecedora durante el gobierno del general Urdininea y los ministerios de Laprida y Del Carril. Elevado este último a la gobernación, sancionó en 1825 una constitución provincial conocida con el nombre de Carta de Mayo, que estableció principios liberales y progresistas, a los que se opusieron los elementos reaccionarios. Pero Del Carril triunfó sobre ellos y dejó el recuerdo de una administración ejemplar.

Entre tanto, Buenos Aires, reducida ahora su influencia, desarrollaba dentro de las fronteras provinciales lo que había sido su ilusorio programa para toda la nación. Los meses que siguieron a la derrota de Cepeda fueron duros, y en la lucha por el poder hubo un día en que se sucedieron tres gobernadores. Estanislao López pretendía influir en los conflictos políticos, pero finalmente la aparición de las fuerzas de la campaña que mandaba Juan Manuel de Rosas permitió al gobernador Martín Rodríguez mantenerse en el poder desde fines de 1820.

Fue un período de paz y de progreso que duró hasta mayo de 1824. El triunfo de la revolución liberal de Riego en España, que garantizaba la independencia, favorecía las posibilidades de una política ilustrada que encontró en el ministro de gobierno, Bernardino Rivadavia, un brillante ejecutor. Muy pronto se sancionó una ley de elecciones que consagraba el principio del sufragio universal y otra que suprimía el Cabildo y reorganizaba la administración de justicia. Otras medidas siguieron luego. La Ley de Olvido procuró aquietar las pasiones desatadas por la lucha entre las facciones, y la que consagraba la libertad de cultos facilitó la radicación de inmigrantes extranjeros de credo protestante.

En la nueva situación internacional Portugal, el Brasil, los Estados Unidos y luego Inglaterra reconocieron la independencia de las Provincias Unidas —cuyas relaciones internacionales asumió Buenos Aires— y establecieron con ellas relaciones consulares que permitieron desarrollar el comercio exterior. Era ésta una de las preocupaciones del gobierno, que contemplaba los intereses de la campaña, dedicada a la cría de ganado, y los de la ciudad, donde predominaba la actividad comercial y artesanal. Se procuró atraer técnicos para desarrollar algunas industrias y se crearon los instrumentos necesarios para el desarrollo de la economía: un Banco de Descuentos, una Bolsa de Comercio y una serie de medidas para atraer capitales y obtener préstamos; en 1824 la casa Baring Brothers de Londres otorgó al gobierno argentino un millón de libras esterlinas. Al mismo tiempo se introdujeron animales de raza para cruzarlos con los ganados criollos y semillas para mejorar los cultivos.

Estas últimas medidas se relacionaban con las que el gobierno adoptó con respecto a la tierra pública. Grandes extensiones de tierras pertenecientes al Estado solían entregarse a particulares influyentes. Rivadavia elaboró un plan para otorgarlas, según el sistema de la enfiteusis, a pequeños colonos que quisieran radicarse en ellas y explotarlas mediante el pago de una reducida tasa de acuerdo con su valor. Así debían incorporarse a la explotación agrícola —en manos de pequeños productores— las zonas de la provincia que se extendían hasta el río Salado, no sin resistencia de los grandes estancieros del sur, acostumbrados a no reconocer límites a sus establecimientos.

Entre tanto, la situación interprovincial tendía a normalizarse en el litoral. El 25 de enero de 1822 los gobernadores de Corrientes, Entre Ríos, Santa Fe y Buenos Aires suscribieron el tratado del Cuadrilátero, que establecía una alianza ofensiva y defensiva entre las cuatro provincias. La gravedad del problema aconsejó sortear el tema de la organización nacional, previéndose solamente la convocatoria de un congreso para que resolviera sobre la cuestión. En cambio, se establecía categóricamente la libertad de comercio y la libre navegación de los ríos, cuestiones que tocaban al fondo de las disensiones entre las provincias litorales y Buenos Aires. Era un triunfo del federalismo, pero era, al mismo tiempo, un paso decisivo para dilucidar las cuestiones previas a la organización nacional.

Inspirado por Rivadavia, el gobierno de Buenos Aires adoptó otras decisiones no menos importantes. Dispuso abolir los fueros de que gozaba el clero y el diezmo que recibía la Iglesia; además fueron suprimidas algunas órdenes que habían caído en el descrédito y se establecieron reglas muy estrictas para las demás. No menos enérgicas fueron las reformas que introdujo en el ejército para restablecer la disciplina y aumentar la eficacia de la oficialidad. Naturalmente esta política desató una fuerte reacción de los elementos retrógrados que acusaron a Rivadavia de enemigo de la religión. El padre Castañeda lanzó los más terribles denuestos desde los periódicos satíricos que inspiraba —*El desengañador gauchipolítico*, *El despertador teofilantrópico*—, y el doctor Tagle se atrevió a organizar un motín que fue sofocado en seguida. Pero Rivadavia quedó transformado en símbolo de la política progresista.

No menos decidido se mostró Rivadavia en la política social y educacional. La creación de la Sociedad de Beneficencia llenó un vacío en la vida de la ciudad y de la campaña. Las escuelas primarias se multiplicaron, y la aplicación del método de educación mutua permitió superar las limitaciones de los recursos. Para los estudios medios estimuló y modernizó el Colegio de la Unión del Sur, a cuyos planes de estudio se incorporaron las disciplinas científicas, según el ejemplo de los países más desarrollados. Fundó un colegio de agricultura con su jardín botánico y un museo de ciencias naturales; trajo de Europa instrumentos de física y de química, y como culminación de su obra educacional creó la Universidad de Buenos Aires, inaugurada el 12 de agosto de 1821. Rivadavia pronunció el discurso de apertura y fue designado rector el doctor Antonio Sáenz. La cátedra de filosofía fue encomendada a Juan Manuel Fernández

Agüero; y la enseñanza universitaria se dividió entre el departamento de estudios preparatorios y los departamentos de ciencias exactas, medicina, jurisprudencia y ciencias sagradas; poco después se iniciaba el primer curso de física experimental que dictó el profesor italiano Pedro Carta Molina.

Esta obra intensa y variada tenía el apoyo de un sector intelectual vigoroso aunque minoritario. Lo encabezaba Julián Segundo de Agüero y formaban parte de él, además del poeta Juan Cruz Varela, Esteban de Luca, Manuel Moreno, Antonio Sáenz, Juan Crisóstomo Lafinur, Diego Alcorta, Cosme Argerich, todos miembros de la Sociedad Literaria, cuyo pensamiento expresaron dos periódicos, *El Argos* y *La Abeja Argentina*. En el interior del país repercutía débilmente esta acción y Rivadavia quiso que en el Colegio de la Unión se recibieran estudiantes de las provincias, porque aspiraba a que se difundieran en ellas las reformas que se introducían en la de Buenos Aires. Pero los caracteres del interior del país diferían de los que predominaban en ella. Buenos Aires pasaba ya de los 55.000 habitantes y estaba en permanente contacto con Europa a través de su puerto. Las provincias del interior, en cambio, sólo contaban con unas pocas ciudades importantes y era escasa en ellas esa burguesía que buscaba ilustrarse y prosperar al margen de la fundamental actividad agropecuaria en la que se reclutaban las minorías locales. Un poeta como Varela, henchido de entusiasmo progresista, filósofos como Agüero o Lafinur, formados en las corrientes del sensualismo y de la ideología, hallaban ambiente favorable en la pequeña ciudad cosmopolita que comenzaba a abandonar los techos de tejas y veía aparecer las construcciones de dos pisos. Pero el ambiente de las ciudades provincianas, y más aún el de las zonas rurales, se resistía a toda innovación y transformaba en un propósito activo la defensa y la conservación de su idiosincrasia colonial. Para oponerse a Rivadavia, Juan Facundo Quiroga izaba en La Rioja una bandera negra, cuya inscripción decía "Religión o muerte". Con todo, la idea de la incuestionable existencia de una comunidad nacional por encima de las divergencias provincianas se manifestó vigorosamente y así pudieron prosperar las gestiones para reunir un congreso nacional en Buenos Aires.

Entre tanto, San Martín había completado su obra. Asegurada la independencia de Chile, había dedicado sus esfuerzos a la preparación de una fuerza expedicionaria argentino-chilena destinada a aniquilar a los realistas en su baluarte peruano. En 1820 embarcó un ejército disciplinado y eficaz a bordo de una flota cuyo mando había asumido el almirante Cochrane, dirigiéndose hacia las costas del Perú. Mientras Arenales ocupaba las regiones montañosas, San Martín se dirigió hacia Lima, donde entró en julio de 1821. Poco después proclamó allí la independencia del Perú y San Martín fue declarado su Protector. Quedaban todavía algunos focos realistas en el continente y los dos grandes jefes americanos, Bolívar y San Martín, se reunieron en Guayaquil, en julio de 1822, para acordar un plan de acción que acabara con la dominación española en América. Falto de recursos militares y de un Estado argentino que lo respaldara, San Martín cedió a Bolívar la dirección de la última campaña que remataría la obra de los dos libertadores.

Mientras proseguía la acción de Bolívar, se procuraba constituir el congreso nacional que debía reunirse en Córdoba; fracasados los primeros intentos, se decidió realizarlo en Buenos Aires y, finalmente, se inauguraron sus sesiones el 16 de diciembre de 1824, poco antes de que llegara la noticia de la victoria que el general Sucre había obtenido en Ayacucho, que ponía fin a la dominación española en América.

Gobernaba ya la provincia de Buenos Aires el general Las Heras, que había sucedido el 9 de mayo de 1824 a

Martín Rodríguez, y que mantenía las líneas generales de la política de su antecesor, uno de cuyos rasgos sobresalientes había sido evitar las suspicacias de las demás provincias con respecto a las ambiciones de hegemonía que tanto temían estas últimas. El problema candente era hallar la fórmula para reconstituir la nación, y el conflicto latente con el Brasil tornaba más urgente hallarla para poder oponer un frente unido a la esperada ofensiva del emperador brasileño.

Esa preocupación inspiró la Ley Fundamental sancionada el 23 de enero de 1825. Establecía la voluntad unánime de mantener unidas a las provincias argentinas y asegurar su independencia, afirmando al mismo tiempo el principio de las autonomías provinciales. El Congreso se declaraba constituyente, pero la constitución que dictara sólo sería válida cuando hubiera sido aprobada por todas las provincias. Y mientras se creaba un gobierno nacional se encomendaba al de la provincia de Buenos Aires las funciones de tal.

Cuando el Congreso de La Florida declaró la anexión de la Banda Oriental a las Provincias Unidas, la tensión con el Brasil aumentó y el Congreso reunido en Buenos Aires decidió por su parte la formación de un ejército nacional que estaría a las órdenes del gobernador de la provincia de Buenos Aires. Pero en diciembre de 1825, el Brasil declaró la guerra y las cosas se precipitaron. El 6 de febrero de 1826 el Congreso sancionó una ley creando un poder ejecutivo nacional a cargo de un magistrado que llevaría el título de Presidente de las Provincias Unidas del Río de la Plata; al día siguiente fue elegido para el cargo Bernardino Rivadavia.

Agüero en la cartera de Gobierno, del Carril en la de Hacienda, Alvear en la de Guerra y de la Cruz en la de Relaciones Exteriores constituyeron su gabinete. El presidente Rivadavia afrontó en seguida el más grave y antiguo de los problemas políticos del país y solicitó en un mensaje al Congreso que se declarara capital de la República a la ciu-

dad de Buenos Aires. El proyecto suscitó largas y apasionadas discusiones, pero fue aprobado el 4 de marzo. La provincia de Buenos Aires se vio privada de la ciudad que
había sido su centro tradicional desde su misma fundación
y en diversos círculos se advirtieron enconadas reacciones.
El gobernador Las Heras renunció y se polarizaron contra
Rivadavia no sólo los sectores tradicionalistas sino también el sector de los ganaderos que, como Juan Manuel de
Rosas, comenzaban a definir su política alrededor de la
idea de que la ciudad —y el puerto— de Buenos Aires debía servir a los intereses provinciales y no a los del país.

Mientras procuraba proyectar hacia toda la nación la política civilizadora que había desarrollado como ministro en la
provincia de Buenos Aires, Rivadavia se dedicó principal-
mente a la organización de la guerra contra el Brasil. Blo-
queado el puerto de Buenos Aires por la flota brasileña, la
situación económica se había hecho angustiosa. Pero en marzo de 1826, con unos pocos barcos, el almirante Brown
obligó a los sitiadores a abandonar Martín García; en junio los derrotó en Los Pozos y poco después otra vez frente
a Quilmes. Entre tanto, el ejército del general Alvear cruzó
el Río de la Plata, despejó de enemigos la Banda Oriental e
invadió el Estado de Río Grande.

La administración de Rivadavia permitió acrecentar el
esfuerzo militar. En febrero de 1827 los argentinos obtuvie-
ron dos victorias decisivas. Brown derrotó a la flota brasileña en Juncal y Alvear venció al ejército en Ituzaingó. El
Canto lírico de Juan Cruz Varela revelaba el orgullo colectivo, y acaso en particular el de los rivadavianos que juzgaban hijo de sus ideas y de su esfuerzo al triunfo militar:

Hija de la Victoria,
ya de lejos os saluda la paz, y a los reflejos
de su lumbre divina,

triunfante, y de ambiciones respetada,
libre, rica, tranquila, organizada,
ya brilla la República Argentina.

Pero el entusiasmo duró poco. Tras la victoria de Ituzaingó,
Rivadavia entabló negociaciones diplomáticas con el Brasil
en términos que parecieron inadecuados a la posición de
las fuerzas vencedoras. Más preocupado, sin duda, por la
situación interna del país que por la suerte de su política
exterior, Rivadavia creyó que necesitaba la paz a cualquier
precio. En diciembre de 1826 el Congreso había concluido
el proyecto de constitución, cuyos términos repetían, apenas moderado, el esquema centralista de la carta de 1819.
Nada habían valido las sensatas palabras de Manuel Dorrego, federalista doctrinario, que constituían un llamado a la
realidad. Cuando, poco después, el proyecto fue sometido a
consulta, las provincias comenzaron a manifestar su disconformidad, y sólo la aprobaron algunas, contra las que se
lanzaron las demás. Quiroga, gobernador de La Rioja y pa-
ladín del federalismo, se enfrentó con Tucumán, cuyo gobernador, Lamadrid, defendía la carta unitaria y amenazaba
con extender su autoridad por Catamarca, Salta, Jujuy y todo Cuyo. Lamadrid cayó derrotado en El Tala en octubre
de 1826 y Quiroga aglutinó el centro y el norte del país. La
guerra civil recomenzaba, los delegados del Congreso no
conseguían convencer a los jefes federales de la necesidad
de la constitución y el gobierno de Rivadavia se vio amenazado. Necesitaba la paz a cualquier precio y equivocó el camino para lograrla, ofreciendo al Brasil por intermedio del
embajador Manuel José García la posibilidad de crear un
Estado independiente en la Banda Oriental.

La noticia de la convención firmada en Río de Janeiro
por García, que se extralimitó en sus atribuciones y reco-
noció los derechos brasileños a los territorios disputados,

polarizó la hostilidad contra Rivadavia, porque el tratado pareció injustificable frente a las victorias de las fuerzas argentinas. Rivadavia comprendió la debilidad de su posición y presentó su renuncia en junio de 1828 en un documento memorable. El Congreso la aceptó y la experiencia rivadaviana de reunificación nacional quedó concluida en medio de la incertidumbre general.

La provincia de Buenos Aires eligió entonces gobernador a Dorrego, a quien apoyaba en nombre de los estancieros de la provincia Juan Manuel de Rosas, sostenido por la fuerza de sus "colorados del Monte". Fue el suyo un gobierno moderado y eficaz; pero las pasiones estaban desencadenadas y, ante el afianzamiento de la autoridad de Quiroga en el interior del país, los unitarios resolvieron dar otra vez la batalla. La ocasión era propicia. Dorrego firmó en agosto de 1828 la paz con el Brasil reconociendo la independencia de la Banda Oriental —tal como lo deseaba Inglaterra y lo admitía el Emperador— y los ejércitos argentinos comenzaron a regresar. Al mando de su división, Juan Lavalle hizo su entrada en Buenos Aires y poco después, el 1º de diciembre, se sublevó contra Dorrego, lo persiguió con sus tropas y lo fusiló en Navarro el 13 de diciembre.

El conficto se generalizó con mayor violencia. Rosas y López empezaron a operar contra Lavalle, que se hizo cargo del gobierno de Buenos Aires, y poco después quedaron delineados los frentes en que se oponían los unitarios y los federales. Lavalle sostendría la lucha en Buenos Aires mientras José María Paz, que acababa de llegar con sus tropas del Brasil, la empeñaría en el interior para contener la creciente influencia de Quiroga. Pero Lavalle afrontaba una lucha interna en su provincia, cuyo interior le resistía aglutinado por Rosas, de modo que sus recursos se limitaban a los que le ofrecía la ciudad y no tardó en ser vencido en abril de 1829. Paz, en cambio, logró derrotar en esos mismos días a Bustos y se adueñó de la provincia de Córdoba. Dos meses después, cuando Lavalle y Rosas llegaban a un acuerdo en Cañuelas, Paz venció en La Tablada a Quiroga fortaleciendo las esperanzas de los unitarios que, sin embargo, no pudieron evitar la elección de Rosas como gobernador de Buenos Aires en diciembre de 1829. Quiroga, entre tanto, había logrado hacerse fuerte en las provincias de Cuyo y Paz buscó una definición: en Oncativo volvió a vencer al "Tigre de los Llanos" en febrero de 1830 y poco después removió los gobiernos federales del interior; y con los que estableció en su lugar constituyó la Liga del Interior para hacer frente a los federales que predominaban en el litoral. El 31 de agosto quedó constituida la Liga, y el 4 de enero de 1831 respondieron las provincias litorales con la firma del Pacto Federal. Eran dos organizaciones políticas frente a frente, casi dos naciones.

El equilibrio de las fuerzas fue visible y no se ocultaba su significado. Era el interior del país que aspiraba no sólo a un régimen de unidad, sino también a un sistema político en el que las regiones menos favorecidas por la naturaleza compartieran las ventajas de que gozaban las más privilegiadas; y frente al interior, estaban las provincias litorales que defendían su autonomía para asegurar sus privilegios y defender sus intereses. Un suceso fortuito postergó este enfrentamiento radical: el 10 de marzo de 1831 una partida de soldados de Estanislao López consiguió bolear el caballo del general Paz y lo hizo prisionero. La Liga del Interior, que era su obra política pero que carecía todavía de madurez, cedió ante la presión de las oligarquías provinciales, deseosas de asegurar su predominio local y ajenas a la necesidad de adoptar una clara política para la región mediterránea. Una vez más, el predominio económico y político de las provincias litorales quedó consolidado, y el ajuste del equilibrio nacional indefinidamente postergado.

Esas oligarquías provinciales se componían de hombres comprometidos con la riqueza fundamental de sus provincias, estancieros en su mayoría, que vigilaban sus fortunas y las acrecían, con las de sus amigos, al calor del poder político. Y aunque sometían a duro trabajo a un proletariado rural en el que predominaban criollos, mestizos e indios, manifestaban cierta vaga vocación democrática en la medida en que expresaban el inequívoco sentimiento popular de las masas rurales, amantes de la elemental libertad a que las acostumbraba el campo sin fronteras y el ejercicio de un pastoreo que estimulaba el nomadismo. Pero era una concepción paternalista de la vida social que contradecía la necesidad de organización que el país percibía como impostergable.

Entre todos los caudillos, el gobernador de la provincia de Buenos Aires, Juan Manuel de Rosas, se distinguía por su personalidad peculiar. Su fuerte ascendiente sobre los hombres de la campaña le proporcionaba una base para sus ambiciones; pero su claro conocimiento de los intereses de los propietarios de estancias y saladeros le permitía encabezar a los grupos más influyentes de la provincia y expresar con claridad la política que les convenía; ésa fue, precisamente, la que puso en funcionamiento durante su gobierno provincial, desde 1829 hasta 1832, y especialmente en el último año de su administración. La situación política del país se definía rápidamente. Cada una de las tres grandes áreas económicas de la nación contaba con una personalidad inconfundible para representarlas y regir sus destinos. En el interior, Quiroga se había afirmado definitivamente después de su victoria sobre Lamadrid en 1831. En el litoral, López conservaba con firmeza la hegemonía regional. Y en Buenos Aires, Rosas consolidaba su poder y acrecentaba su influencia. Los tres compartían los mismos principios, pero los tres aspiraban a alguna forma de supremacía nacional.

El escenario para dilucidar la contienda hubiera podido ser el congreso que el Pacto Federal obligaba a convocar. Siempre temerosos de Buenos Aires, López y Quiroga —el litoral y el interior— insistían en apresurar su reunión. Celoso de los privilegios de su provincia —esto es, Buenos Aires—, Rosas se oponía a que se realizara, y expresó sus razones y sus pretextos en la carta que escribió a Quiroga desde la hacienda de Figueroa en 1834, después de haber dejado el gobierno de la provincia, en el que le sucedieron Juan Ramón Balcarce primero y Juan José Viamonte después. La opinión de Rosas prevaleció y el congreso no fue convocado.

Entre tanto, en combinación con otros estancieros amigos, con dinero propio y tropas levantadas por ellos en la campaña, Rosas organizó en 1833 una expedición al sur para reducir a los indios pampas que asolaban las estancias y las poblaciones en busca de ganado. Desde su campamento de Monte se dirigió hacia el sur, cruzó la región de los pampas y tomó contacto con las tribus araucanas deteniéndose sus tropas en las márgenes del río Negro. Las poblaciones indígenas fueron acorraladas, destruidas o sometidas. Las tierras reconquistadas, que sumaban miles de leguas, fueron generosamente distribuidas entre los vencedores, sus amigos y partidarios, con lo que se consolidó considerablemente la posición económica y la influencia política de los estancieros del sur.

Poco después del regreso de Rosas, la situación hizo crisis tanto en Buenos Aires —donde había estallado en su ausencia la revolución de los Restauradores— como en el interior, donde la autoridad de Quiroga crecía peligrosamente. El 16 de febrero de 1835, en Barranca Yaco, Quiroga cayó asesinado y poco más tarde la legislatura bonaerense elegía gobernador y capitán general de la provincia, por cinco años y con la suma del poder público, a Juan Manuel de Rosas.

VII. LA FEDERACIÓN (1835-1852)

La muerte de Quiroga y el triunfo de Rosas aseguraban el éxito de las ideas que este último sostenía sobre la organización del país: según su opinión, las provincias debían mantenerse independientes bajo sus gobiernos locales y no debía establecerse ningún régimen que institucionalizara la nación. Y así ocurrió durante los diecisiete años que duró la hegemonía de Rosas en Buenos Aires. Hubo, sin embargo, durante ese período una singular forma de unidad, que se conoció bajo el nombre de Federación y que Rosas quiso que se considerara sagrada. Era una unidad de hecho lograda por la sumisión de los caudillos provinciales. Como encargado de las relaciones exteriores tenía Rosas un punto de apoyo para ejercer esa autoridad, pero la sustentó sobre todo en su influencia personal y en el poder económico de Buenos Aires.

La Federación, proclamada como el triunfo de los ideales del federalismo, aseguró una vez más la hegemonía de Buenos Aires y contuvo el desarrollo de las provincias. La presión de los comerciantes ingleses malogró la ley de aduanas de 1836 y abrió el puerto a toda clase de artículos manufacturados europeos. El puerto de Buenos Aires seguía siendo la mayor fuente de riqueza para el fisco y proporcionaba pingües beneficios tanto a los comerciantes de la ciudad como a los productores de cueros y tasajos que se preparaban en las estancias y saladeros.

De esas ventajas no participaban las provincias del interior, pese a la sumisión de los caudillos federales. Las in-

dustrias locales siguieron estranguladas por la competencia
extranjera y los estancieros del litoral y del interior conti-
nuaron ahogados por la competencia de los de Buenos Aires. Cuando Rosas temió que sus precauciones no fueran
suficientes, no vaciló en prohibir el paso de buques extranjeros por los ríos Paraná y Uruguay. Paradójicamente, la
Federación extremó los términos del antiguo monopolio y
acentuó el empobrecimiento de las provincias interiores,
aisladas por sus aduanas interprovinciales.

Inspirada por Rosas, la Federación pretendió restaurar
el orden colonial. Aunque con vacilaciones y entre mil dificultades, los gobiernos de los primeros veinticinco años de
la independencia habían procurado incorporar el país a la
línea de desarrollo que había desencadenado la revolución
industrial en Europa y en los Estados Unidos. La Federación, en cambio, trabajó para sustraerlo a ese cambio y para perpetuar las formas de vida y de actividad propias de la
colonia. Desarrolló el paternalismo político, asimilando la
convivencia social a las formas de vida propias de la estancia, en la que el patrón protege pero domina a sus peones;
abandonó la misión educadora del Estado prefiriendo que
se encargaran de ella las órdenes religiosas; destruyó los ci-
mientos del progreso científico y técnico; canceló las liber-
tades públicas e individuales identificando la voluntad de
Rosas con el destino nacional; combatió todo intento de
organizar jurídicamente el país, sometiéndolo de hecho, sin
embargo, a la más severa centralización. Tal fue la política
de quien fue llamado "Restaurador de las leyes", aludiendo
sin duda a las leyes del régimen colonial español. Esa política constituía un desafío al liberalismo y correspondía al que
poco antes habían lanzado en España los partidarios de la
restauración absolutista de Fernando VII. En la lucha interna era esa política un desafío a los ideales de la Revolución
de Mayo.

Los gobiernos provinciales de la Federación imitaron al de Buenos Aires, pero los frutos de esa política fueron muy distintos. La economía de Buenos Aires, montada sobre el saladero y la aduana, permitió el acrecentamiento de la riqueza; y la política de Rosas, permitió la concentración de esa riqueza entre muy pocas manos. En oposición al principio rivadaviano de no enajenar la tierra pública para permitir una progresista política colonizadora, Rosas optó por entregarla en grandes extensiones a sus allegados. Así se formó el más fuerte de los sectores que lo apoyaron, el de los estancieros y propietarios de saladeros que se enriquecían con la exportación de cueros y especialmente del tasajo que se enviaba a los Estados Unidos y el Brasil para nutrir a los esclavos de las plantaciones. Y así se constituyó, a través de la aduana porteña, la riqueza pública que permitió a Rosas ejercer una vigorosa autoridad sobre las empobrecidas provincias interiores.

No faltaron a Rosas otros sostenes. El tráfico de cueros y tasajos beneficiaba a comerciantes ingleses y norteamericanos que, a su vez, importaban productos manufacturados y harina; y este sector, que acompañaba a los numerosos estancieros británicos dispersos por la campaña bonaerense ayudó a Rosas, entre otras maneras, suscribiendo el empréstito de cuatro millones de pesos que lanzó en su primer gobierno. Por otra parte su autoritarismo y su animadversión por las ideas liberales le atrajo el apoyo del clero y muy especialmente el de los jesuitas, a quienes concedió autorización para reabrir los establecimientos de enseñanza.

Pero no era esto todo. Rosas había sabido atraerse la simpatía de los gauchos de la campaña bonaerense y con ellos constituyó su fuerza militar. También se atrajo a las masas suburbanas —las que Echeverría describió en *El matadero*— y se aproximó muy particularmente a los negros libres o esclavos que valoraban su simpatía como prenda de seguridad y de ayuda. Se sumaba, pues, al apoyo de los poderosos un fuerte apoyo popular, con el que no contaban los grupos ilustrados.

Todo ese respaldo social no bastó, sin embargo, para impedir que Rosas estableciera un estado policial. Sólo la más absoluta sumisión fue tolerada. Y la fidelidad a la Federación debió demostrarse públicamente con el uso del cintillo rojo o la adopción de la moda federal. Los disidentes, en cambio, quedaron al margen de la ley y su persecución fue despiadada. La enérgica política de Rosas fue imitada por los gobernadores provincianos, y cuando alguno de ellos esbozó frente a los enemigos una actitud conciliatoria —como Heredia en 1838 o Urquiza en 1846— tuvo que deponerla ante las amenazas de Rosas.

Dentro del ámbito provincial, Rosas desarrolló una política de reducido alcance. Siempre preocupado por las amenazas que lo asechaban, el estado policial contuvo todo esfuerzo de libre desarrollo en la sociedad. No faltó en la residencia de Palermo un círculo áulico de cierto refinamiento; allí pintó Prilidiano Pueyrredón en 1850 el retrato de Manuelita Rosas; y allí brilló Pedro de Angelis, erudito italiano que alternó los más rigurosos estudios históricos con la literatura panfletaria en favor del régimen. Pero, en general, la vida intelectual se estancó en Buenos Aires durante largos años y sólo oscuramente pudo proseguir su enseñanza hasta su muerte, en 1842, el profesor de filosofía de la universidad, Diego Alcorta. La universidad languidecía, como languidecía toda la enseñanza pública, de la que el Estado se desentendió considerando que podía ser patrimonio de la iniciativa privada y sobre todo de las instituciones religiosas. Desde su segundo gobierno demostró Rosas su desdén por lo que Rivadavia había hecho para estimular el desarrollo científico: se abandonaron los pocos instrumentos y aparatos de investigación que había en la ciudad y se suprimieron los recursos para la enseñanza. También se suprimió la Casa de Expósitos y hasta los fondos públicos destinados a combatir la viruela.

Sólo la actividad económica crecía, pero dentro de una inconmovible rutina y en beneficio de unos pocos. Las fortunas de los saladeristas aumentaban. Hubo algunos ganaderos ingleses que procuraron mejorar la cría y uno de ellos, Ricardo Newton, alambró por primera vez un campo para obtener ovejas mejoradas, de cuya lana comenzaba a haber gran demanda en el mercado europeo. Pero la rutina siguió predominando y la estancia siguió siendo abierto campo de cría de un ganado magro destinado al saladero y en la que prácticamente no tenía lugar la agricultura.

Sólo por excepción se iniciaron nuevos experimentos agropecuarios. El gobernador Urquiza estimuló en Entre Ríos el mejoramiento del ganado, introdujo merinos y alambró campos. La cría de ovejas constituía el signo de una actitud renovadora en la economía argentina, porque intentaba adecuarla a nuevas posibilidades del mercado internacional. Y esa actitud renovadora se manifestó también en otros aspectos, como en el de la educación, en el que Urquiza trabajó intensamente difundiendo la enseñanza primaria y fundando colegios de estudios secundarios en Paraná y en Concepción del Uruguay. Este último habría de adquirir muy pronto sólido prestigio en todo el país.

Ciertamente, el signo predominante de la Federación fue su resistencia a todo cambio. Por lo demás, la inquietud fue constante. Un estado latente de rebelión amenazaba virtualmente el orden establecido y cada cierto tiempo cristalizó en violentas irrupciones que extremaron los odios.

Los movimientos de rebeldía contra la Federación surgieron como fenómenos locales y como fenómenos generalizados. En 1838 el gobernador de Corrientes, Berón de Astrada, creyó contar con la ayuda de Santa Fe para una acción contra Rosas. Pero Estanislao López murió ese mismo año y la provincia de Corrientes fue invadida por el gobernador de Entre Ríos, Pascual Echagüe, que en 1839 derrotó a Berón de Astrada en Pago Largo.

Esos movimientos del litoral se relacionaban con la situación de la Banda Oriental, donde el presidente Oribe, adicto a Rosas, había sido derrocado por Rivera. Otros factores complicaban el problema. Francia, que buscaba nuevas áreas para su expansión, había puesto pie en Montevideo por donde se exportaban ya grandes cantidades de tasajo. Ahora, pues, se oponía a Inglaterra, principal beneficiaria del comercio bonaerense. Una flota francesa estableció el bloqueo del puerto de Buenos Aires, mientras Rivera lograba derrotar a Echagüe en la batalla de Cagancha.

Pero entre tanto, los proyectos revolucionarios de los unitarios argentinos que habían emigrado a Montevideo, encabezados por Juan Lavalle, hallaban eco en la provincia de Buenos Aires. Los jóvenes escritores que en junio de 1837 inauguraron en la librería de Marcos Sastre el Salón Literario —Esteban Echeverría, Juan María Gutiérrez, Juan Bautista Alberdi, entre otros— y fundaron luego la Asociación de la Joven Generación Argentina, habían sembrado los principios de su inquietud y su rebeldía. Luego emigraron, pero quedaron en la ciudad quienes defendían sus ideas. El coronel Ramón Maza organizó una conspiración en relación con Lavalle, que ocupó la isla de Martín García; pero el movimiento fue descubierto y Maza fusilado. Descorazonado, Lavalle negó su concurso al levantamiento que preparaban en Dolores y Chascomús los "Libres del Sur"; Manuel Rico y Pedro Castelli lanzaron sin embargo la revolución, pero en noviembre de 1839 los derrotó Prudencio Rosas haciendo severísimo escarmiento. La provincia quedó entonces en paz.

El interior, en cambio, se agitó poco después con una vasta insurrección. Fue la gran crisis de 1840. Lavalle liberó la provincia de Corrientes y dejó luego su puesto a Paz, para dirigirse a Buenos Aires. Una extraña vacilación movió a Lavalle a abandonar las operaciones iniciadas sobre la capital y se dirigió nuevamente hacia el norte, circunstancia que obligó a la flota francesa a levantar el bloqueo de Buenos Aires. Rosas respiró por un tiempo, cuando la situación interna era ya desastrosa, y acrecentó el rigor de la represión. Pero entonces las provincias del norte se sublevaron abiertamente y desencadenaron un nuevo conflicto.

Movió la coalición del norte Marco M. de Avellaneda, que con la ayuda de Lamadrid tomó el poder en Tucumán y arrastró tras sí a todas las provincias que antes habían seguido a Quiroga y estaban ahora decepcionadas del centralismo de la Federación. Pero la suerte le fue adversa. El ejército de Lavalle, que constituía la mayor esperanza de los rebeldes, fue derrotado en Quebracho Herrado por Oribe, y las fuerzas de Lamadrid y Acha que operaban en Cuyo fueron también vencidas. A fines de 1841 Lavalle, derrotado nuevamente en Famaillá, emprendió la retirada hacia el Norte. Pero cayó asesinado en Jujuy y la coalición quedó deshecha y todo el Norte sometido a la autoridad de Rosas y sus partidarios.

Paz tuvo mejor suerte en Corrientes y logró derrotar en Caaguazú al gobernador de Entre Ríos, Echagüe, en noviembre de 1841, pero no pudo obtener los frutos de su victoria. Su aliado oriental, Rivera, fue vencido poco después por Oribe en Arroyo Grande, y con ello quedó abierto a los federales el camino de Montevideo, que Oribe sitió en febrero de 1843. De allí en adelante el litoral fue teatro de una constante lucha. Montevideo organizó la resistencia bajo las órdenes de Paz y combatieron al lado de los orientales los emigrados argentinos y las legiones de inmigrantes franceses e italianos; allí estaba Garibaldi como símbolo de las ideas liberales que defendían los sitiados. Desde el Cerrito vigilaban la ciudad las fuerzas sitiadoras, cuyo cerco no logró romper Rivera cuando procuró sublevar la campaña oriental, donde en 1845 lo derrotó Urquiza en India Muerta. Pero en cambio consiguió Montevideo mantener expedito su puerto, gracias al bloqueo que las flotas de Francia e Inglaterra, ahora unidas, volvieron a imponer a Buenos Aires por el temor de que Rosas lograra dominar las dos márgenes del Río de la Plata.

Montevideo se convirtió en el principal centro de acción de los emigrados antirrosistas. También los había en otros países, especialmente en Chile, donde Alberdi y Sarmiento movían desde los periódicos —*El Mercurio*, *El Progreso*— una activa campaña contra Rosas. Allí publicó Sarmiento en 1845 el *Facundo*, vigoroso ensayo de interpretación historicosocial del drama argentino. Pero por su proximidad de Buenos Aires y por la concurrencia de fuertes intereses extranjeros relacionados con la economía rioplatense, fue en Montevideo donde se desarrolló más intensamente la operación que debía acabar con el gobierno de Rosas. También allí había una prensa vehemente: *El Nacional*, *El Iniciador*, *Comercio del Plata*, este último dirigido por Florencio Varela. Pero, sobre todo, se procuraba allí hallar la fórmula política que permitiera la conciliación de todos los adversarios de Rosas, cuyo primer esquema esbozó Echeverría en 1846 en el *Dogma socialista*.

En 1845 Corrientes volvió a sublevarse con el apoyo del Paraguay, cuyo comercio estrangulaba la política adoptada por Rosas para la navegación de los ríos. Su gobernador, Madariaga, fue derrotado dos veces por el de Entre Ríos, Urquiza, primero en Laguna Limpia, en 1846, y al año siguiente en Vences. Pero entre la primera y la segunda batalla se había establecido un acuerdo que Rosas vetó. Quizás entonces juzgó Urquiza insostenible el apoyo que prestaba al gobernador de Buenos Aires, cada vez más celoso del monopolio comercial porteño. Entre Ríos desarrollaba una intensa y progresista actividad agropecuaria que requería contacto con Europa, y sus intereses chocaban abiertamente con los de Buenos Aires.

La situación se precipitó cuando Francia e Inglaterra decidieron en 1850 levantar el bloqueo del puerto bonaerense. Entonces fue el Brasil quien se inquietó ante la posibilidad del triunfo de Oribe y de que se consolidara el dominio de Rosas sobre las dos márgenes del Río de la Plata. Brasil rompió sus relaciones con la Federación y los antirrosistas hallaron un nuevo aliado. La aproximación entre el gobierno oriental y el Brasil comenzó en seguida, y Urquiza fue atraído a la coalición con la promesa de que el nuevo gobierno garantizaría la navegación internacional de los ríos. Urquiza, a su vez, logró la adhesión del gobernador de Corrientes, Virasoro, y poco después quedó concertada la alianza militar contra Rosas que permitió la formación del Ejército Grande.

Ciertamente, la Federación no estaba en condiciones de afrontar esta crisis que surgía en su propio seno. El largo estancamiento provocado por la estrecha política económica de Rosas contrastaba con las inmensas posibilidades que abría la revolución industrial operada en Europa. Mientras Buenos Aires perpetuaba la economía de la carreta y el saladero, se extendían en Europa los ferrocarriles y los hilos telegráficos y se generalizaba el uso del vapor como fuente de energía para maquinarias modernas de alta productividad: la creciente población de las ciudades requería un intenso desarrollo industrial, y éste, a su vez, un constante aprovisionamiento de materias primas. Era, pues, una extraordinaria oportunidad que se ofrecía al país, frustrada por la perseverante sumisión al pasado del viejo gobernador de Buenos Aires. Rosas, tan hábil para mantener inactivos a los indios del vasto imperio de la pampa que se había constituido hacia 1835 sobre los bordes de las grandes estancias, tan ducho en mantener sumisos a los gobernadores provincianos, tan experto en el trato con los cónsules extranjeros, había comenzado a perder su antigua flexibilidad y ahora sólo sostenía al régimen la inercia del Estado policial que había creado. Todo estaba maduro para un cambio, cada vez más fácilmente imaginable luego de las experiencias revolucionarias que había sufrido Europa en 1848. La crisis era, pues, inevitable.

El 1º de mayo de 1851 el gobernador de Entre Ríos, Urquiza, aceptó, no sin ironía, la renuncia formal que Rosas presentaba cada año como encargado de las relaciones exteriores de la Federación. La corte de San Benito de Palermo se estremeció y la legislatura bonaerense declaró a Urquiza traidor y loco. Pero Rosas no acertó a moverse oportunamente y permitió que Urquiza cruzara el río Uruguay y obligara a Oribe a levantar el sitio de Montevideo. Poco después el Ejército Grande entró en campaña, cruzó Entre Ríos, invadió Santa Fe y se presentó frente a Buenos Aires. El 3 de febrero de 1852 los ejércitos de la Federación caían vencidos en Caseros y Rosas se embarcaba en una nave de guerra inglesa rumbo a Gran Bretaña. La Federación había terminado.

VIII. BUENOS AIRES FRENTE A LA
CONFEDERACIÓN ARGENTINA (1852- 1862)

Urquiza entró en Buenos Aires poco después de la victoria para iniciar la etapa más difícil.de su labor: echar las bases de la organización del país. La administración de Rosas, sin duda, había preparado el terreno para la unidad nacional dentro de un régimen federal. Los viejos unitarios, por su parte, habían reconocido la necesidad de ese sistema. Y todos estaban de acuerdo con la necesidad de la unión, porque las autonomías habían consagrado también la miseria de las regiones mediterráneas. Quizá la diversidad del desarrollo económico de las distintas regiones del país fuera el obstáculo más grave para la tarea de unificación nacional.

Por lo demás, las oligarquías locales eternizadas en el gobierno habían concluido por acaparar la tierra. La aristocracia ganadera monopolizaba el poder político, en tanto que las clases populares, sometidas al régimen de la estancia, habían perdido toda significación política, y hasta los sectores urbanos carecían de influencia a causa del escaso desarrollo económico.

El ajuste de la situación debía realizarse, pues, entre esas oligarquías. Pero aun entre ellas se suscitaban conflictos a causa de la desproporción de los recursos entre Buenos Aires, el litoral y el interior. Era necesario hallar la fórmula flexible que permitiera la nacionalización de las rentas que hasta ese momento usufructuaba Buenos Aires y facilitara el acuerdo entre los grupos dominantes.

Una convicción unánime aseguraba el triunfo de una organización democrática. Esas ideas estaban en la raíz de la tradición argentina; con distinto signo estaban arraigadas tanto en los unitarios como en los federales, y cobraban ahora nuevo brillo tras la crisis europea de 1848. Y, sin embargo, la estructura económica del país, caracterizada por la concentración de la propiedad raíz, se oponía a la organización de una verdadera democracia. Si Sarmiento pudo decir que el caudillismo derivaba del reparto injusto de la tierra, la suerte posterior de la democracia argentina podría explicarse de modo semejante.

No era, pues, fácil la tarea que esperaba a Urquiza. Instalado en la residencia de Palermo, designó a Vicente López gobernador interino de la provincia y convocó a elecciones para la legislatura, de cuyo seno salió la confirmación del elegido. No faltaron entonces recelos entre los antiguos federales —grandes estancieros como los Anchorena, los Alcorta, los Arana, los Vedoya, de cuyo consejo no prescindió Urquiza— ni entre los antiguos emigrados que comenzaban a dividirse en intransigentes o tolerantes frente a la nueva situación. Urquiza convocó una conferencia de gobernadores en San Nicolás, y de ella salió un acuerdo para la organización nacional firmado el 31 de mayo de 1852. Se establecía en él la vigencia del Pacto Federal y se sentaba el principio del federalismo, cuya expresión económica era la libertad de comercio en todo el territorio, la libre navegación de los ríos y la distribución proporcional de las rentas nacionales. Se otorgaban a Urquiza las funciones de Director Provisorio de la Confederación Argentina y se disponía la reunión de un Congreso Constituyente en Santa Fe para el que cada provincia enviaría dos diputados.

Las cláusulas económicas y la igualdad de la representación suscitaron la resistencia de los porteños. En la legislatura, se discutió acaloradamente el acuerdo y fue rechazado, lo que originó la renuncia del gobernador López. Urquiza disolvió la legislatura y se hizo cargo del poder, rodeándose entonces de viejos federales. Hasta volvió a ser obligatorio el uso del cintillo rojo. Sarmiento, que había llegado con el Ejército Grande como boletinero, anunció que se levantaba sobre el país la sombra de otra dictadura y se volvió a Chile donde poco después publicaría las *Ciento y una*, respondiendo a la defensa de Urquiza que hacía Alberdi en sus *Cartas quillotanas*. Mitre, Vélez Sarsfield y otros políticos porteños fueron deportados y se dispuso la designación de Vicente López como gobernador y la elección de una nueva legislatura.

Urquiza dejó Buenos Aires para asistir a la instalación del congreso de Santa Fe. A los pocos días, el 11 de septiembre, estalló en Buenos Aires una revolución inspirada por Valentín Alsina que restauró las antiguas autoridades, declaró nulos los acuerdos de San Nicolás y autónoma a la provincia. Poco después, Alsina, el más intransigente de los porteños, fue elegido gobernador.

Urquiza decidió no intervenir. El Congreso Constituyente se reunió en Santa Fe el 20 de noviembre de 1852 en una situación incierta. Tropas bonaerenses intentaban invadir el territorio entrerriano, en tanto que otras, encabezadas por el coronel Lagos, se rebelaban contra Alsina y ponían sitio a Buenos Aires exigiendo el cumplimiento del acuerdo de San Nicolás.

Pero el clima de violencia se diluyó y el Congreso pudo trabajar serenamente. La constitución de los Estados Unidos y las *Bases y puntos de partida para la organización política de la República Argentina*, que había escrito Alberdi en Chile con motivo de la reunión del Congreso, fueron los elementos de juicio con que contaron los constituyentes para la redacción de la carta fundamental. El texto consagró el sistema representativo, republicano y federal de go-

bierno; se creó un poder ejecutivo fuerte, pero se asegura-
ron los derechos individuales, las autonomías provinciales
y, sobre todo, se garantizaron la libre navegación de los
ríos y la distribución de las rentas nacionales. El 1º de mayo de 1853 fue firmada la constitución y, por decreto de
Urquiza, fue jurada el 9 de julio por todas las provincias
excepto la de Buenos Aires.

Este hecho consumó la secesión. La Confederación por
una parte y el Estado de Buenos Aires por otra comenzaron a organizar su vida institucional. En abril de 1854 se
dio este último su propia constitución que, por insistencia de
Mitre, consignaba la preexistencia de la nación. Por su parte, la Confederación estableció su capital en Paraná y eligió
presidente a Urquiza; poco a poco comenzó a organizarse la
administración nacional y se acentuó la distancia entre los
dos gobiernos. Sin embargo, las circunstancias económicas
los obligaron a aceptar el acuerdo o la guerra, sin poder
desentenderse el uno de la otra.

La lucha adquirió caracteres de guerra económica. La
Confederación tuvo que crear toda la armazón institucional del Estado. Buenos Aires, en cambio, mantenía su antigua organización administrativa y la crecida recaudación
de su aduana. En 1857, con el viaje de la locomotora La
Porteña entre la estación del Parque y la de Flores, quedó
inaugurado el Ferrocarril del Oeste. Ese año llegaban al
mercado de Constitución 350.000 arrobas de lana, que se
exportaban a favor de una política librecambista resueltamente sostenida por el gobierno de Buenos Aires, que había permitido establecer líneas marítimas regulares con
Europa. Numerosos periódicos se publicaban en la ciudad:
La Reforma Pacífica, *La Tribuna*, *El Nacional*, este último
fundado por Vélez Sarsfield.

La Confederación, en cambio, sufría las consecuencias
de la falta de recursos y del crecimiento de las necesidades.

El gobierno hizo diversos esfuerzos para modificar esa situación. Tratados comerciales con los Estados Unidos, Francia, Inglaterra y Brasil establecieron privilegios para la importación y la exportación. El desarrollo de la producción lanera fue muy estimulado y se favorecieron la inmigración y la colonización. En 1853 comenzaron a fundarse colonias agrícolas; empresarios audaces como Augusto Brougnes, Aarón Castellanos o Carlos Beck Bernard promovieron su establecimiento atrayendo familias europeas; así surgieron las colonias de Esperanza, San José, San Jerónimo, San Carlos. Los cereales comenzaban a producirse con cierta intensidad y se anunciaba una transformación importante en la sociedad y en la economía de la zona litoral, cuya puerta de entrada y de salida debía ser Rosario. Pero los resultados eran lentos y no solucionaban los problemas financieros de la Confederación. Fue necesario acudir al Brasil en demanda de ayuda, aprovechando la vinculación de la economía litoral con el banco brasileño de Mauá. Pero entre tanto el gobierno de la Confederación, que desarrollaba la enseñanza primaria, nacionalizaba la Universidad de Córdoba y promovía estudios científicos de interés nacional, alcanzaba la certidumbre de que ningún arbitrio resolvería los problemas urgentes mientras no se hallara una solución para la cuestión fundamental de la secesión porteña.

En el conjunto de los problemas que acarreaba la crisis, no era el menor el de las relaciones con las poblaciones indígenas. El vasto imperio de las pampas que había creado el cacique Calfucurá hacia 1835 —y con el que Rosas mantuvo relaciones estables— empezó a agitarse al día siguiente de Caseros y comenzó a agredir las fronteras. Las regiones de Azul y Olavarría y los confines de las provincias cuyanas, de Córdoba y de Santa Fe se vieron hostigados por los malones. Hombres y ganado eran arreados hacia

las Salinas Grandes, donde tenían su centro las poblaciones
indígenas, y luego comenzaban vastas operaciones de venta
y trueque en las que se complicaban arriesgados pulperos
de las zonas limítrofes que obtenían con ellas pingües ganancias. Pero la ofensiva no tuvo la misma intensidad en
las dos áreas en que se dividía el país. Más allegados a Urquiza que a Buenos Aires, los indios jaqueaban al Estado
rebelde con la tolerancia de la Confederación. Varias veces
las tropas bonaerenses mandadas por Mitre, por Hornos o
por Granada fracasaron frente a las huestes araucanas,
mientras en las fronteras de la Confederación recibían disimulado apoyo del coronel Baigorria, a quien Urquiza había encomendado las relaciones con los indígenas. Bahía
Blanca, Azul, Veinticinco de Mayo, Chacabuco, Rojas,
Pergamino, La Carlota, Río Cuarto, San Luis y San Rafael
constituían los puntos de la línea de fortines, estable en el
área de la Confederación y móvil en el área del Estado de
Buenos Aires. Mientras se intentaba acentuar la colonización y acrecentar la producción agropecuaria con el estímulo de la producción lanera, la permanente amenaza de
los indios desalentaba a los pobladores y limitaba la expansión de la riqueza.

La creciente tensión entre los dos Estados desembocó en
una abierta guerra económica. La Confederación resolvió
en 1856 establecer los que se llamaron "Derechos diferen-
ciales" para las mercaderías que llegaban a su territorio di-
rectamente y las que habían pasado por Buenos Aires;
estas últimas debían pagar un impuesto más alto, con lo
que se suponía que se desviaría el tráfico hacia el puerto de
Rosario y otros puertos menores de la Confederación. Era
una provocación, sin duda, desencadenada por la crisis ren-
tística que sufría el gobierno de Paraná y por el secreto propósito de llegar finalmente a la guerra si la situación no se
resolvía de otro modo.

Buenos Aires reaccionó vivamente. En 1857 fue designado gobernador Alsina, de quien no podía esperarse ningún paso conciliatorio, y poco después quedó prohibido el pasaje en tránsito hacia el Puerto de Buenos Aires de los productos de la Confederación. Era la guerra económica, pero en tales términos que podía preverse que no se mantendría mucho tiempo dentro de esos límites. Un conflicto político suscitado en San Juan precipitó los acontecimientos y los dos Estados movilizaron sus tropas. Buenos Aires declaró la guerra y encargó a Mitre el mando de sus fuerzas, en tanto que una escuadrilla procuraba impedir el cruce por el Paraná de las fuerzas de la Confederación. Pero la operación fracasó. Urquiza avanzó sobre Buenos Aires y los dos ejércitos se encontraron el 23 de octubre de 1859 en Cepeda, donde Mitre quedó derrotado.

Pocos días después Urquiza estableció su campamento en San José de Flores. Era evidente el deseo unánime de encontrar una solución, y la favoreció la gestión de Francisco Solano López, hijo del presidente del Paraguay, que se había ofrecido como mediador. El 11 de noviembre se firmó el pacto de unión entre Buenos Aires y la Confederación, por el que la primera se declaraba parte integrante de la nación y aceptaba en principio la Constitución de 1853. Una convención provincial y otra nacional debían ajustar los términos de la carta a las nuevas condiciones creadas; pero entre tanto la aduana de Buenos Aires quedaba dentro de la jurisdicción nacional.

Aunque con algunos rozamientos, el pacto comenzó a cumplirse. En señal de buena voluntad Urquiza visitó Buenos Aires y Mitre retribuyó la visita. Y el 21 de octubre de 1860 la provincia de Buenos Aires juró la Constitución Nacional: sólo faltaba establecer el gobierno de la nación.

Inesperadamente un nuevo conflicto suscitado en San Juan desencadenó otro choque. Una ley de la legislatura

bonaerense declaró entonces nulo el Pacto de San José de
Flores y la Confederación respondió interviniendo la provincia de Buenos Aires.

Ésta resistió. Un ejército mandado por Mitre se instaló
en la frontera provincial que tantas veces había contempla-
do este enfrentamiento fratricida. Esta vez, Urquiza, jefe de
las fuerzas de la Confederación, quedó derrotado en Pavón
el 17 de septiembre de 1861. Triunfante Buenos Aires y di-
sueltos los poderes nacionales, Mitre asumió interinamente
el gobierno de la Confederación y llamó a elecciones de diputados al congreso, que debía reunirse en Buenos Aires,
donde Mitre había fijado la capital de la República. El 5 de
octubre de 1862 fue elegido Mitre presidente de la Nación,
y el día 12 asumió el cargo. La unidad nacional quedaba
consumada.

IX. LA REPÚBLICA: ESTABILIZACIÓN POLÍTICA Y CAMBIO ECONOMICOSOCIAL (1862-1880)

Entre 1862 y 1880 transcurre el período clave de la historia argentina. Tres personalidades disímiles se sucedieron en el ejercicio de la presidencia: Mitre de 1862 a 1868, Sarmiento de 1868 a 1874 y Avellaneda de 1874 a 1880. Acaso eran distintos los intereses y las ideas que representaban: distintos eran también sus temperamentos; pero tuvieron objetivos comunes y análoga tenacidad para alcanzarlos: por eso triunfó la política nacional que proyectaron, cuyos rasgos conformarían la vida del país durante muchas décadas.

Lo más visible de su obra fue el afianzamiento del orden institucional de la república unificada. Pero su labor fundamental fue el desencadenamiento de un cambio profundo en la estructura social y económica de la nación. Por su esfuerzo, y por el de los que compartieron con ellos el poder, surgió en poco tiempo un país distinto en el que contrastaría la creciente estabilidad política con la creciente inestabilidad social. A ese esfuerzo se debe el fin de la Argentina criolla.

Como antes Urquiza, Mitre emprendió la tarea de organizar desde la base el Estado nacional, problema entonces más complejo que en 1854. Se requería un enfoque nuevo para sacar a las provincias del mutuo aislamiento en que vivían y para delimitar, dentro del federalismo, la jurisdicción del Estado nacional. Esa tarea consumió ingentes esfuerzos y fue continuada por Sarmiento y Avellaneda, acompañándolos en su labor una minoría culta y responsable, que había hecho su experiencia política en la época de Rosas y en los duros años del enfrentamiento entre Buenos Aires y la Confederación. Desde los ministerios, las bancas parlamentarias, las magistraturas y los altos cargos administrativos, un conjunto coherente de ciudadanos desplegó un mismo afán orientado hacia los mismos objetivos.

La cuestión más espinosa era la de las relaciones del gobierno nacional con el de la provincia de Buenos Aires, del que aquél era huésped, y con el que hubo que ajustar prudentemente innumerables problemas. Pero no fue menos grave la del establecimiento de la jurisdicción nacional frente a los poderes provinciales. Además, las relaciones entre las provincias ocasionaron delicados problemas, empezando por el de los límites entre ellas. Los caminos interprovinciales, las mensajerías, los correos y los telégrafos requirieron cuidadosos acuerdos. Fue necesario suprimir las fuerzas militares provinciales y reorganizar el ejército nacional. Hubo que ordenar la hacienda pública, la administración y la justicia federal. Fue necesario redactar los códigos, impulsar la educación popular, hacer el primer censo nacional y vigilar el cuidado de la salud pública. Todo ello cristalizó en un sistema de leyes y en un conjunto de decretos cuidadosamente elaborados en parlamentos celosos de su deber y de su independencia. Hubo discrepancias, pero en lo fundamental, predominaron las coincidencias, porque el cuadro de la minoría que detentaba el poder era sumamente homogéneo: una burguesía de estancieros que alternaban con hombres de profesiones liberales generalmente salidos de su seno, con análogas experiencias, con ideas coincidentes sobre los problemas fundamentales del país, y también con análogos intereses privados.

Hubo, sin embargo, graves enfrentamientos políticos en relación con los problemas que esperaban solución. Triunfante en Pavón, Mitre representó a los ojos de los caudillos provincianos una nueva victoria de Buenos Aires; y aunque sanjuanino, Sarmiento ofrecía análoga fisonomía. Para los hombres del interior, el acuerdo entre Urquiza y los porteños fue una alianza entre las regiones privilegiadas del país y poseedoras de la llave de las comunicaciones. Contra ella el caudillo riojano Angel Peñaloza, el "Chacho", encabezó la última insurrección de las provincias mediterráneas, pero las fuerzas nacionales lo derrotaron a fines de 1863. Igual suerte cupo a los federales de Entre Ríos encabezados por López Jordán cuando se sublevaron contra Urquiza y lo asesinaron en 1870.

Pero no fueron éstas las únicas preocupaciones internas. Una vasta región del país estaba de hecho al margen de la autoridad del Estado y bajo el poder de los caciques indígenas que desafiaban a las fuerzas nacionales y trataban con ellas de esa manera singular que describió Lucio Mansilla en *Una excursión a los indios ranqueles*. En 1876, Adolfo Alsina, ministro de guerra de Avellaneda, intentó contener los malones ordenando cavar una inmensa zanja que se extendía desde Bahía Blanca hasta el sur de la provincia de Córdoba. Pero fue inútil. Sólo la utilización del moderno fusil permitió al general Roca, sucesor de Alsina en el ministerio, preparar una ofensiva definitiva. En 1879 encabezó una expedición al desierto y alejó a los indígenas más allá del río Negro, persiguiéndolos luego sus fuerzas hasta la Patagonia para aniquilar su poder ofensivo. La soberanía nacional se extendió sobre el vasto territorio y pudieron habilitarse dos mil leguas para la producción ganadera, con lo que se dio satisfacción a los productores de ovejas que reclamaban nuevos suelos para sus majadas.

Entre tanto, la provincia de Buenos Aires procuraba defender su posición dentro de la nación unificada. Bajo la presidencia de Mitre —un porteño—, Buenos Aires tuvo la sensación de que, aun obligada a conceder las rentas de su aduana, volvía a triunfar en la lucha por el poder. Pero la firme política nacionalista del presidente se opuso resueltamente a ese triunfo. Estaba en pie el problema de la residencia del gobierno nacional, que Mitre aspiraba a fijar en la provincia de Buenos Aires, pero al precio de federalizarla como había pretendido Rivadavia. La situación se hizo muy tensa en vísperas de las elecciones de 1868, porque las provincias apoyaron a Sarmiento contra el candidato mitrista y sólo consintieron en incorporar a la fórmula al jefe del autonomismo porteño, Adolfo Alsina, en calidad de vicepresidente. Cuando seis años más tarde volvió a plantearse la cuestión presidencial, las oligarquías provincianas, apoyadas por Sarmiento, se opusieron a la candidatura de Mitre y propusieron el nombre de Avellaneda, a quien, por un acuerdo, acompañó otra vez en la fórmula un autonomista bonaerense, Mariano Acosta. Mitre advirtió entonces que las oligarquías provincianas progresaban en la conquista del poder más rápidamente de lo que él esperaba, y se rebeló contra el gobierno desencadenando una revolución en 1874. El movimiento porteño fue vencido y Nicolás Avellaneda, tucumano y partidario decidido de la federalización de Buenos Aires, subió a la presidencia. Cuando a su vez, concluía su mandato en 1880, adoptó la resolución de poner fin al problema de la capital de la República al tiempo que ofrecía su apoyo a la candidatura provinciana del general Roca contra la del gobernador de Buenos Aires, Carlos Tejedor. Las fuerzas en conflicto se prepararon para la lucha y poco después estalló la revolución. Pero la Guardia Nacional bonaerense, que Tejedor había preparado pacientemente para este choque que juzgaba definitivo, cayó derrotada por el ejército nacional en junio de 1880. Poco después, el 20 de septiembre, una ley del Congreso Nacional convirtió a la ciudad de Buenos Aires en la capital federal de la República.

Con ese paso quedaba cerrado un ciclo de la vida argentina, que había girado alrededor de las relaciones entre el puerto de Buenos Aires y el país. Cuando comenzaron a declinar las posibilidades de la industria del saladero, los ganaderos progresistas que aspiraban a llegar al mercado europeo con productos capaces de competir en él procuraron controlar la política aduanera de la Nación. Por su parte, y aunque menos influyentes, algunos sectores interesados en el desarrollo industrial perseguían el mismo fin para proteger el desarrollo de las manufacturas. Y, entre tanto, agitaba a la opinión del interior del país el problema de la distribución de las rentas nacionales. Según los intereses y las opiniones el país seguía dividido en tres áreas claramente diferenciadas: Buenos Aires, las provincias litorales y las provincias interiores, y a esta división correspondía el juego de los grupos políticos desde la independencia y más acentuadamente desde 1852.

Dos grandes partidos se enfrentaban, en principio, desde esa última fecha: el Partido Federal, que agrupaba a las oligarquías provinciales y presidía Urquiza, y el Partido Liberal, que encabezaban los antiguos emigrados y predominaba en Buenos Aires. El primero era unánime en cuanto a sus principios políticos y económicos: federalismo, libre navegación de los ríos y nacionalización de las rentas aduaneras. El segundo, en cambio, se dividió en Buenos Aires entre los autonomistas —que encabezó Valentín Alsina y reivindicaban su aduana para su provincia— y los nacionalistas, que encabezó Mitre y consentían en la nacionalización de los privilegios económicos de Buenos Aires.

Unificada la República, los partidos pactaron: autonomistas porteños acompañaron a Sarmiento y a Avellaneda, impuestos por las mayorías provinciales. La ventaja era cada vez mayor para el Partido Federal, informe por cierto, pero en marcha hacia la organización que alcanzaría más

tarde con el nombre de Partido Nacional. A sus manos iría
a parar el destino de la República y en sus filas se fueron
agrupando con distinto grado de entusiasmo todas las minorías, porteñas o provincianas, que aspiraban al poder.
Sólo pequeños grupos disidentes lo enfrentaron, a los que
resistió mientras no se hicieron visibles otros problemas
inéditos en la política del país.

La Argentina comenzaba a mirar resueltamente hacia el
exterior. Los compromisos contraídos en vísperas de Caseros y los intereses internacionales en la cuenca del Plata
condujeron al país a la guerra con el Paraguay. La Argentina, el Uruguay y el Brasil combatieron contra el mariscal
Francisco Solano López desde 1865 hasta 1870 y lo derrotaron en una contienda que en la Argentina fue muy impopular. Hecha la paz, la Argentina declaró que "la victoria
no da derechos". Por lo demás, sus intereses se volvían cada
vez más decididamente hacia Europa, donde las transformaciones técnicas y sociales estaban creando nuevas y pro-
misorias oportunidades para los productores argentinos.

Mientras decrecía la demanda de carnes saladas en los
países esclavistas, aumentaba la de lana y cereales en los países industrializados, que desarrollaban una vigorosa industria textil y preferían dedicar sus majadas a la alimentación
de los densos núcleos urbanos que el desarrollo industrial
contribuía a concentrar. Lana y cereales fueron, pues, los
productos que pareció necesario producir. Poco a poco fue
venciéndose la resistencia de los saladeristas, debilitados
por la competencia de ganaderos más progresistas —ingleses muchos de ellos— que habían comenzado a cruzar sus
vacunos y sus lanares con reproductores de raza importados de Europa y a cercar sus campos para asegurar la cría
y la selección. Ahora, unificada la nación, la economía del
país adoptó decididamente esa orientación que ofrecía ex-
traordinarias posibilidades.

Pero este cambio de orientación suponía considerables dificultades. Se basaba en una teoría sobre la vida del país y sobre el papel que la economía desempeñaba en ella; la habían elaborado cuidadosamente los emigrados: Alberdi, preocupado por el problema de la riqueza y que había expuesto sus ideas en su estudio sobre el *Sistema económico y rentístico de la Confederación Argentina*, Sarmiento, atento a las formas de la vida social y que había desarrollado su pensamiento en el *Facundo*. Cuando llegaron al poder, y durante los dieciocho años que transcurren desde 1862 hasta 1880, pusieron esa teoría en acción para sustituir la tradicional estructura economicosocial del país por una distinta que asegurara otro destino a la nación. Así desencadenaron una revolución fundamental, precisamente cuando ponían fin al ciclo de las revoluciones políticas.

El paso más audaz en la promoción del cambio economicosocial fue la apertura del país a la inmigración. Hasta 1862 el gobierno de la Confederación había realizado algunos experimentos con colonos a los que aseguraba tierras. Desde esa fecha, en cambio, la República comenzó a atraer inmigrantes a los que se les ofrecían facilidades para su incorporación al país, pero sin garantizarles la posesión de la tierra: así lo estableció taxativamente la ley de colonización de 1876, que reflejaba la situación del Estado frente a la tierra pública, entregada sistemáticamente a grandes poseedores. La consecuencia fue que los inmigrantes que aceptaron venir se reclutaron en regiones de bajo nivel de vida —especialmente en España o Italia— y de escaso nivel técnico. Esta circunstancia, unida a la magnitud de la corriente inmigratoria, caracterizó el impacto que la inmigración produjo ya en los dieciocho años anteriores a 1880. Los inmigrantes tenían escasas posibilidades de transformarse en propietarios y se ofrecieron como mano de obra, en algunos casos yendo y viniendo a su país de origen. El saldo inmigratorio fue de 76.000 inmigrantes en la década de 1860 a 1870 y de 85.000 en la década de 1870 a 1880. Pero desde el primer momento la distribución tuvo una tendencia definida y la corriente inmigratoria se fijó preferentemente en la zona litoral y en las grandes ciudades. Sólo pequeños grupos se trasladaron al centro y al oeste del país, y más pequeños aún a la Patagonia, donde aparecieron en 1865 las colonias galesas de Chubut, y más tarde los grupos de productores de ovejas de Santa Cruz. En cambio, Buenos Aires, que contaba con 150.000 habitantes en 1865, pasó a tener 230.000 en 1875. Así comenzó a acentuarse intensamente la diferenciación entre el interior del país y la zona litoral, antes contrapuestas por sus recursos económicos y ahora también por sus peculiaridades demográficas y sociales.

Las consecuencias de esa política fueron previstas en alguna medida, pero sus resultados sobrepasaron todas las previsiones. La agrupación de las colectividades insinuaba la formación de grupos marginales, ajenos a los intereses tradicionales del país y orientados exclusivamente hacia la solución de los problemas individuales derivados del trasplante. El "gringo" adoptó un comportamiento económico que contrastó con la actitud del criollo, y José Hernández recogió el resentimiento de los grupos nativos frente a la invasión extranjera en su poema gauchesco *Martín Fierro*, publicado en 1872. El Estado no buscó el camino que podía resolver el naciente problema, que era el de transformar a los inmigrantes en poseedores de la tierra; sólo se propuso, para asimilar al menos a sus hijos, un vasto programa de educación popular.

Tal fue el sentido de las preocupaciones educacionales del gobierno nacional, especialmente en cuanto a la instrucción primaria. Mitre y su ministro Eduardo Costa procuraron impulsarla; pero aún se preocuparon más en contribuir a la formación de las minorías directoras, creando institutos de educación secundaria. En 1863 se fundó el Colegio Nacional de Buenos Aires, cuyos estudios fueron orientados y dirigidos por Amadeo Jacques; y al año siguiente se dispuso la creación de institutos análogos en Catamarca, Tucumán, Mendoza, San Juan y Salta. La obsesión de Sarmiento, en cambio, fue alfabetizar a las clases populares, "educar al soberano", hacer de la escuela pública un crisol donde se fundieran los diversos ingredientes de la población del país, sometida a intensos cambios y a diversas infuencias. Era promover un cambio dentro del cambio. Para alcanzar ese objetivo fundó innumerables escuelas dentro de la jurisdicción nacional y propició en 1869 una ley que otorgaba subvenciones a las provincias para que las crearan en las suyas. Un censo escolar que Sarmiento ordenó realizar mostró la existencia de un 80% de analfabetos en el país, y sus resultados predispusieron los ánimos para la vasta obra de educación popular que emprendió. La fundación de la Escuela Normal de Paraná en 1870 y la creación de bibliotecas públicas completó su labor. Entre tanto, la Universidad de Buenos Aires demostraba nuevas preocupaciones. Juan María Gutiérrez, Vicente Fidel López y Manuel Quintana ejercieron por entonces su rectorado, y durante el largo período en que lo desempeñó el primero fue creado el departamento de ciencias exactas en 1865; de allí salieron los primeros ingenieros que habrían de incorporarse poco después a los trabajos que el país requería para su transformación.

Pero pese al vigor del plan educacional, no podía esperarse de él que contuviera las inevitables consecuencias de la política estatal con respecto a la tierra y a la inmigración. Hubo un crecimiento acelerado de la riqueza, pero ésta se concentró en pocas manos. Los estancieros que tan fácilmente habían logrado grandes extensiones de tierra se volcaban a la producción intensiva de la lana que requería el mercado europeo. El proceso de intensificación de la cría de ovinos había comenzado en 1860, y cinco años después la Argentina ocupaba un lugar privilegiado entre los exportadores de lana. Sesenta millones de ovinos, distribuidos en campos que comenzaban a alambrarse aceleradamente aseguraban una fructífera corriente de intercambio con los puertos de Europa. Francia y Bélgica eran las principales consumidoras de esa producción; pero el saldo favorable que esas exportaciones dejaban se invertía preferentemente en productos manufacturados ingleses. El comercio exterior, que en 1861 tenía un volumen total de 37 millones de pesos, ascendió a 104 millones en 1880, sin que todavía hubiera alcanzado a tener sino escasísima importancia en la exportación de cereales, cuya producción apenas comenzaba a sobrepasar el nivel de autoabastecimiento de harina.

La política librecambista predominaba, en perjuicio de las actividades manufactureras. Pese a los esfuerzos de Sarmiento para estimular las extracciones mineras y en especial la del carbón, los resultados fueron escasos. Una fábrica que pretendió instalarse en 1873 para producir tejidos de lana debió cerrar al poco tiempo ante la imposibilidad de competir con los artículos importados. Sólo la explotación ferroviaria y los talleres de imprenta alcanzaron cierto grado de organización industrial. Desde 1857 existía una organización obrera: la Sociedad Tipográfica Bonaerense, exclusivamente de ayuda mutua; pero en 1878 se constituyó la Unión Tipográfica como organización gremial para luchar por la disminución de los horarios de trabajo y el aumento de los salarios. Ese mismo año se declaró la primera huelga obrera, gracias a la cual se fijó una jornada de diez horas en invierno y doce en verano. Pero la industria no tenía perspectivas. En la exposición industrial de Córdoba que se realizó en 1871, Sarmiento señaló, al inaugurarla, la ausencia casi total de otras manufacturas que no fueran las tradicionales. Y a pesar de que en 1876 se intentó establecer algunas tarifas proteccionistas, el mercado de productos manufacturados siguió dominado por los importadores, con lo que se acentuaba el carácter comercial y casi parasitario de los centros urbanos que crecían con la inmigración.

En cambio, la construcción de los ferrocarriles creó una importante fuente de trabajo para los inmigrantes y desencadenó un cambio radical en la economía del país. Durante los dieciocho años que preceden a 1880 se construyeron 2516 kilómetros de vías férreas. Tres compañías argentinas —una privada y dos estatales— y siete compañías de capital extranjero hicieron las obras. El Ferrocarril del Oeste llegó por entonces hasta Bragado y Lobos; el Central Córdoba unió Rosario con Córdoba en 1876; y el Andino se desprendió de esa línea para dirigirse hacia el oeste. Esas compañías eran de capital nacional. Las de capital extranjero unieron a Buenos Aires con Azul y Ayacucho —una de ellas, el Sur— otra a Rosario con Córdoba —el Central Argentina— y otras unieron distancias menores en las provincias de Buenos Aires y Entre Ríos. Eran empresas de capital inglés preferentemente y realizaron un pingüe negocio, porque recibieron tan vastas extensiones de campo a los costados de sus vías que agregaron a la explotación ferroviaria el negocio de venta de tierras. Eran éstas las que más se valorizaban por la acción del ferrocarril, y así nació un nuevo motivo de especulación que fue nuevo obstáculo para la política colonizadora.

Buenos Aires fue la principal beneficiaria del nuevo desarrollo económico. La ciudad se europeizó en sus gustos y en sus modas. El teatro Colón, entonces frente a la plaza de Mayo, constituía el centro de la actividad social de una minoría rica que comenzaba a viajar frecuentemente a París.

Federalizada en 1880, pese a la oposición de los autonomistas encabezados por Leandro N. Alem, Buenos Aires siguió
siendo el mayor emporio de riqueza de la nación. Cosmopolita su población, renovadora su arquitectura, cultas sus
minorías y activo su puerto, la Capital ponía de manifiesto
todos los rasgos del cambio que se operaba en el país.

Cuarta parte

LA ERA ALUVIAL

Los primeros pasos de la transformación economicosocial del país, dados en las tres décadas que siguieron a Caseros, comprometieron su desarrollo futuro. Los tres grupos poseedores se enriquecían y, al mismo tiempo, parecían abrirse amplias perspectivas para los hombres de trabajo capaces de iniciativa y sacrificio. Y no sólo para los nativos. En Europa, los que se habían empobrecido a causa del desarrollo industrial y de la falta de tierras, comenzaron a mirar hacia la Argentina vislumbrando en ella una esperanza, y gruesos contingentes de inmigrantes llegaron al país cada año para incorporarse a la carrera de la prosperidad. A falta de una política colonizadora, se distribuyeron según sus inclinaciones. El resultado fue que la antigua diferencia entre las regiones interiores y las regiones litorales se acentuó cada vez más, definiéndose dos Argentinas, criolla una y cosmopolita la otra. En esta última se poblaron los campos de chacareros, pero sobre todo crecieron las ciudades, a las que los nuevos y los antiguos ricos dotaron de los signos de la civilización vista en el espejo de París: anchas avenidas, teatros, monumentos, hermosos jardines y barrios aristocráticos donde no faltaban suntuosas residencias.

Pero la riqueza no se distribuyó equitativamente. Con el mismo esfuerzo de los que prosperaron, otros envejecieron en los duros trabajos del campo sin llegar a adquirir un pedazo de tierra o se incorporaron a los grupos marginales de las ciudades para arrastrar su fracaso. La sociedad argentina, por la diversidad de sus elementos, comenzó a parecer un aluvión alimentado por torrentes diversos, que mezclaban sus aguas sin saber hacia qué cauce se dirigían. Florencio Sánchez —el autor de *La Gringa* y de *M'hijo el dotor*— llevaba al teatro el drama de los triunfos y los fracasos de aquéllos a quienes el aluvión arrastraba; y en *La restauración nacionalista* Ricardo Rojas, al celebrarse el centenario de la Independencia, describía no sin angustia, el cuadro de una sociedad que parecía hallarse en disolución.

A medida que se constituía ese impreciso sector de inmigrantes y de hijos de inmigrantes, la clase dirigente criolla comenzó a considerarse como una aristocracia, a hablar de su estirpe y a acrecentar los privilegios que la prosperidad le otorgaba sin mucho esfuerzo. Despreció al humilde inmigrante que venía de los países pobres de Europa, precisamente cuando se sometía sin vacilaciones a la influencia de los países europeos más ricos y orgullosos. De ellos aprendió las reglas de la *high life*, la preferencia por los poetas franceses y la admiración por el impecable corte inglés de la solemne levita que acreditaba su posición social. Y de ellos recibió también cierto repertorio de ideas sobre la economía y la política que los ministros y los parlamentarios expusieron brillantemente en memorables discursos que recordaban los de Gladstone o de Ferry. Era una imitación inevitable, porque la Argentina se había incorporado definitivamente al ámbito de la economía europea, cuya expansión requería nuestras materias primas y nos imponía sus manufacturas. Pero como Europa ofrecía también el contingente humano de sus excedentes de población, las clases medias y hasta las clases populares comenzaron a caracterizarse por nuevas costumbres y nuevas ideas que desalojaban la tradición nativa.

También fue inevitable que el país sufriera las consecuencias de los conflictos económicos y políticos en que se sumió Europa. Gran Bretaña invirtió grandes capitales y consideró que, automáticamente, nuestros mercados le pertenecían, no vacilando en exigir, con tanta elegancia como energía, que se mantuviera fielmente esa dependencia. La Argentina fue neutral en las dos grandes contiendas europeas, y gracias a ello abundaron las provisiones en los países aliados. Mientras hubo guerra surgió en el país una industria de reemplazo, pero al llegar la paz, los países que lo proveían de manufacturas trabajaron por recuperar sus mercados, ocasionándose entonces graves trastornos económicos y sociales. Y la Argentina pagó el tributo de fuertes conmociones internas que no sólo reflejaban su propia crisis, sino también la de los países europeos.

Sólo después de esas duras experiencias comenzó a advertirse que el país tenía vastos recursos que abrían nuevas posibilidades: el petróleo, las minas de carbón y de hierro, las viejas industrias del vino, del azúcar y de los tejidos y otras nuevas que comenzaban a desenvolverse. Los empresarios descubrieron las excelentes condiciones del obrero industrial argentino y las universidades comenzaron a ofrecer técnicos bien preparados. Todo favorecía un nuevo cambio, excepto la dura resistencia de las estructuras tradicionales, tanto económicas como ideológicas.

Conservadorismo y radicalismo fueron la expresión de la actitud política de los dos grupos fundamentales del país: el primero representó a los poseedores de la tierra y el segundo a las clases medias en ascenso, deseosas de ingresar a los círculos de poder y a las satisfacciones de la prosperidad. El socialismo aglutinó a los obreros de las ciudades y, en ocasiones, atrajo a una pequeña clase media ilustrada. Pero las masas criollas que se desplazaron del interior hacia el litoral en busca de trabajo y de altos jornales, crearon una nueva posibilidad política que convulsionó el orden tradicional.

El país conoció otras opciones: entre católicos y liberales, entre partidarios de los aliados y partidarios del eje Roma-Berlín, entre simpatizantes de los Estados Unidos y adversarios de su influencia en la América latina. Esas opciones provocaron conflictos que, en parte, contribuyeron a esclarecer las opiniones.

En ochenta años se constituyeron y organizaron universidades, academias y sociedades científicas que estimularon la investigación y el saber. El país ha tenido filósofos profundos como José Ingenieros, Alejandro Korn y Francisco Romero; investigadores científicos como Florentino Ameghino, Miguel Lillo y Bernardo Houssay; pintores y escultores ilustres como Martín Malharro, Rogelio Yrurtia, Lino Spilimbergo y Miguel Victorica; escritores insignes como Leopoldo Lugones, Roberto Payró, Enrique Banchs, Ezequiel Martínez Estrada y Jorge Luis Borges. En el seno de una sociedad heterogénea y entre el fragor de la lucha entre los opuestos, se hace poco a poco una Argentina que busca su ordenamiento economicosocial y una fisonomía que exprese su espíritu.

X. LA REPÚBLICA LIBERAL
(1880-1916)

Desde que Julio A. Roca llegó al poder en 1880 las minorías dominantes dieron por terminadas sus rencillas internas y aceptaron el plan que el presidente consignó en dos palabras: "Paz y administración". De acuerdo con él evitaron los conflictos políticos mediante prudentes arreglos y se dedicaron a promover la riqueza pública y privada. Las ocasiones fueron tantas que desataron en muchos una inmoderada codicia y muy pronto las minorías adquirieron el aire de una oligarquía preocupada tan sólo por sus intereses y privilegios.

A medida que se hibridaba la población del país con los aportes inmigratorios, la oligarquía estrechaba sus filas. El censo de 1895 acusó un 25% de extranjeros y el de 1914 un 30%; de ellos, la inmensa mayoría eran los inmigrantes de los últimos tiempos que llegaban en gruesos contingentes: más de 1 000 000 en el decenio 1880-1890, 800 000 en el decenio siguiente y 1 200 000 sólo en los cinco años anteriores a 1910. En esta situación celebraría el país el centenario de su independencia. La oligarquía se sentía patricia —aun sin serlo demasiado— frente a esta masa heterogénea que se iba constituyendo a su alrededor, subdividida en colectividades que procuraban mantener su lengua y sus costumbres con escuelas y asociaciones y, en conjunto, ajena a los viejos problemas del país excepto en aquello que lindaba con sus intereses inmediatos. Ese espectáculo parecía justificar que la oligarquía se preocupara por sí misma y cada uno de sus miembros por su propia existencia, desenvuelta en el ámbito de los clubes aristocráticos y volcada hacia la política o hacia el goce estético. Pero mientras ella estrechaba sus filas el país crecía. De 3 995 000 habitantes que acusaba el censo de 1895 había pasado en 1914 a 7 885 000. Este crecimiento acusaba ciertos rasgos singularísimos. Las zonas del Este del país, fértiles llanuras próximas a los puertos, acogieron más del 70% del aumento de la población; Rosario, que apenas tenía 23 000 habitantes en 1869 alcanzaba a 91 000 en 1895 y a 222 592 en 1914; y Buenos Aires pasó de 663 000 en 1895 a 1 575 000 en 1914.

Esta transformación demográfica del país respondía a los intensos cambios económicos que se habían producido desde que comenzaron a refinarse los ganados vacuno y ovino y a extenderse las áreas de cultivos de cereales. En 1883 se instalaron los primeros frigoríficos argentinos, que al cabo de poco tiempo fueron sobrepasados por los que se crearon con capitales británicos y norteamericanos para servir a las demandas del mercado inglés. A las exportaciones de ganado en pie se agregaron entonces las de carnes congeladas, cuyo volumen se intensificó considerablemente en poco tiempo. Por la misma época la producción de cereales comenzó a exceder los niveles del consumo interno y se pudo empezar a exportarlos con tal intensidad que, en el quinquenio comprendido entre 1900 y 1904, las cifras del comercio exterior revelaron una equivalencia entre la exportación de productos ganaderos y de productos agrícolas, cuando veinte años antes la ganadería superaba trece veces el volumen de la agricultura. Este vasto desarrollo de la producción agropecuaria se cumplió en las viejas estancias que se modernizaron utilizando reproductores de raza, pero también en las chacras, generalmente arrendadas, que explotaban agricultores italianos o españoles en las provincias litorales. La cría de la oveja, entre tanto, retrocedía hacia las tierras recientemente incorporadas a la producción en los territorios de La Pampa y Río Negro, donde, como en el resto del país, se constituyeron grandes latifundios.

El intenso trajín que se advertía en los puertos —en Buenos Aires, en Rosario, en La Plata, todos de aire cosmopolita—, obligó a emprender las obras que los capacitara para soportar su creciente movimiento. En 1890 se inauguraron los trabajos del puerto de La Plata y de una sección del de Buenos Aires, quedando concluido este último siete años después. Continuó, entre tanto, la prolongación de la red ferroviaria, que comenzó a caer dentro del monopolio de los capitales ingleses por la deliberada decisión del gobierno, según el principio de que sólo las rutas improductivas debían ser explotadas por el Estado, en tanto que las productivas debían quedar libradas al capital privado. Esa opinión correspondía a la política económica liberal que defendieron, sobre todo, Roca y su sucesor Juárez Celman, en virtud de la cual convenía a la nación ofrecer a los inversores extranjeros las más amplias facilidades con el objeto de que acudieran a estimular el desarrollo de las posibilidades económicas que el país no podía encarar con sus propios recursos. Garantizadas las inversiones, los grupos financieros extranjeros ofrecieron al Estado argentino sucesivos empréstitos: 12 millones entre 1880 y 1885, 23 millones entre 1886 y 1890, 34 millones entre 1891 y 1900, y realizaron cuantiosas inversiones en explotaciones bastante productivas cuya vigilancia ponía en manos de los inversores un decisivo control sobre la vida nacional. Quedaron en su poder los dos grandes sistemas industriales de carácter moderno que se habían organizado hasta entonces: los ferrocarriles y los frigoríficos; pero al mismo tiempo surgieron entre 1880 y 1890, especialmente en Buenos Aires, otras industrias menores desarrolladas con capitales medianos, especialmente en el campo de las artes gráficas, de la alimentación, de la construcción y del vestido. En unas y en otras comenzaron a crearse condiciones distintas de las tradicionales para los obreros asalariados que trabajaban en ellas. Largas jornadas y, sobre todo, salarios que disminuían en su poder adquisitivo a medida que crecía la inflación provocada por la crisis financiera que culminó en 1890, determinaron el desencadenamiento de los primeros conflictos sociales y la aparición de nuevas e inusitadas tensiones en la vida argentina.

A través de estos fenómenos comenzaron a advertirse las primeras consecuencias del intenso cambio provocado por la política economicosocial que habían adoptado las minorías dirigentes. Julio A. Roca, presidente desde 1880 hasta 1886, se propuso acelerar el proceso, apoyado en la opinión de las clases tradicionales del país, cada vez más definidas en sus tendencias y cada vez más claramente enfrentadas con la masa heterogénea que las rodeaba, mezcla de inmigrantes y de criollos. Los partidos porteños —el liberal y el autonomista— quedaron reducidos a la impotencia frente a la organización del vasto e informe Partido Autonomista Nacional, que se constituyó con las oligarquías provinciales, cuya indiscutida jefatura asumió el propio Roca, y al que se fueron incorporando los grupos que desertaban de los viejos partidos faltos de perspectivas de poder. Disminuida con la falta de su capital tradicional, la provincia de Buenos Aires perdió buena parte de su influencia, y desde La Plata, fundada en 1882 por el gobernador Dardo Rocha, contemplaba impotente el predominio de la alianza provinciana en el gobierno nacional.

Los ingentes gastos fiscales que demandaba la aceleración del cambio económico, la construcción de los puertos, de los ferrocarriles, de los edificios públicos, alteraron la estabilidad monetaria del país; comenzó una incontenible inflación que, sumada a la arbitrariedad con que se manejaron los créditos bancarios y al creciente desarrollo de la especulación con los valores de la tierra, provocó una difícil situación que Roca quiso resolver con la ley monetaria de 1881. Pero no por eso cesó la emisión de papel moneda y la crisis siguió avanzando. El gobierno, sin embargo, confiaba en el libre juego de las fuerzas económicas, de acuerdo con su doctrina liberal. Precisamente, fue esa misma doctrina la que inspiró otras medidas que entrañaron otros cambios no menos importantes en la organización del país.

En medio de las mayores dificultades financieras, el gobierno resolvió transformar ciertos aspectos del régimen institucional. Después de apasionadas polémicas y de violentos debates parlamentarios, fue aprobada en 1884 la ley de creación del Registro Civil, por la cual se encomendaba al Estado el registro de las personas, confiado antes a la institución eclesiástica; la Iglesia y los sectores católicos se opusieron enérgicamente, pero la ley fue sancionada por la nación y adoptada luego por todas las provincias. Ese mismo año se enfrentó un problema de mayor trascendencia aún: el de la educación popular, que también originó largas controversias; los sectores católicos se levantaron violentamente contra el principio del laicismo que inspiraba el proyecto oficial, pero la ley 1420 de educación obligatoria y gratuita fue aprobada. No menos trascendental fue la sanción de la ley proyectada por Nicolás Avellaneda, que consagró en 1885 el principio de la autonomía de las universidades. Y cuando algunos años más tarde se estableció el matrimonio civil, quedó concluido el proceso de renovación institucional. Pero desde entonces también quedaron divididas las clases tradicionales en sectores ideológicos: liberales por una parte y católicos por la otra, división que se proyectaría al cabo de poco tiempo en las luchas políticas.

Roca mantuvo sin embargo su autoridad y, sobre todo, el manejo de los hilos que movían la política electoral. Para las elecciones de 1886 logró imponer la candidatura de Miguel Juárez Celman, con quien estaba estrechamente vinculado y al que sabía partícipe de sus ideas. Pero Juárez Celman estaba decidido a ejercer también él a su turno no sólo la presidencia de la Nación, sino también la jefatura del Partido Autonomista Nacional. Llegado al poder, exigió el incondicionalismo de sus partidarios y promovió con ello la formación de un frente político cuyos miembros aprovecharon impúdicamente las difíciles circunstancias del momento para obtener ventajas con el crédito y la especulación. El naciente proletariado industrial comenzaba por entonces a exigir mejoras y manifestaba su inquietud a través de huelgas reiteradas que sacudían la aparente paz. Eran generalmente obreros extranjeros quienes las desencadenaban, y la política comenzó lentamente a variar de contenidos gracias a las ideas y al lenguaje que introdujeron esos inmigrantes urbanos que habían adquirido en sus países de origen cierta preparación revolucionaria. En las clases tradicionales no se advirtió respecto de ellos, al principio, sino indiferencia, o acaso desprecio, juzgándolos desagradecidos frente a la hospitalidad que les había ofrecido el país; pero la inquietud obrera creció hasta transformarse en un problema inocultable al calor de la inflación que provocaba la disminución de los salarios reales, y coincidió con la inquietud de los grupos políticos que disentían con el "unicato" presidencial y se preparaban para abrir el fuego contra el gobierno.

A principios de 1890 un club socialista compuesto por obreros alemanes promovió la formación de un "comité internacional" para organizar en Buenos Aires la celebración del 1º de mayo. El acto reunió a casi tres mil obreros y en él se echaron las bases de una organización de trabajadores que, en el mes de junio, presentó al Congreso un petitorio exponiendo las aspiraciones de los obreros en la naciente organización industrial del país. Poco antes, en otro lugar más céntrico de la capital, los grupos políticos adversos al juarismo habían celebrado otro mitín en el que había quedado fundada la Unión Cívica bajo la presidencia de Leandro N. Alem. Era un nuevo partido, ajeno, por cierto, a las inquietudes que en esos días manifestaba el incipiente movimiento obrero, y que encarnaba las aspiraciones republicanas y democráticas de un sector de las clases tradicionales y de los círculos de clase media que empezaban a interesarse por la política. Así nacieron, casi al mismo tiempo, dos grandes movimientos de distinta índole, uno que aspiraba a representar a las clases medias y otro que quería ser la expresión de la nueva clase obrera.

La Unión Cívica formó a su alrededor un fuerte movimiento de opinión. La inspiraba una juventud que anhelaba el perfeccionamiento de las instituciones y que pretendía alcanzar el poder, venciendo la resistencia de las minorías que se consideraban depositarias de los destinos del país y que resolvían sobre ellos indistintamente en los despachos oficiales o en los elegantes salones del Jockey Club, fundado en 1882 por Carlos Pellegrini.

Pero la inspiraba también el grupo de Mitre, hecho a un lado por las oligarquías provinciales, y el grupo católico encabezado por José Manuel Estrada, hostil al régimen por la actitud resuelta de Roca y de Juárez Celman frente a la Iglesia Católica. Gracias a sus numerosas ramificaciones, la Unión Cívica se atrajo muchas simpatías y consiguió la adhesión de algunos grupos militares, con cuyo apoyo desencadenó una revolución el 26 de julio de 1890. Dueños del Parque, los revolucionarios creyeron triunfar, pero el gobierno pudo neutralizarlos y el movimiento fue sofocado.

No obstante, el desprestigio del régimen quedó al descubierto: poco después el presidente Juárez Celman se vio obligado a renunciar y asumió el mando el vicepresidente Carlos Pellegrini.

Aunque sólo política en apariencia, la crisis era fundamentalmente económica. Durante dos años, Pellegrini se esforzó por resolver los problemas financieros del país, pero la conmoción era más profunda de lo que parecía. En 1891 quebraron el Banco Nacional y el Banco de la Provincia de Buenos Aires, arrasando con las reservas de los pequeños ahorristas, destruyendo el sistema del crédito y comprometiendo las innumerables operaciones a largo plazo estimuladas unas veces por la confianza en la riqueza del país y otras por la fiebre especulativa que se había apoderado de vastos círculos. Julián Martel describió en *La Bolsa* el vértigo colectivo que había arrastrado a tan dura catástrofe. Hasta los bancos extranjeros sufrieron las consecuencias de la crisis, y la casa Baring de Londres —uno de los emporios del mundo— amenazó con presentarse en quiebra si la Argentina no cumplía con sus compromisos.

Fue necesaria toda la actividad de Pellegrini para restablecer el equilibrio financiero, y en diciembre de 1891 se fundó el Banco de la Nación para ordenar las finanzas y restablecer el crédito.

Cuando comenzaron a discutirse las candidaturas para la elección presidencial de 1892, el Partido Autonomista Nacional se vio enfrentado por la Unión Cívica: fue la primera prueba a que se sometieron los dos conglomerados y quedó a la vista la inconsistencia de ambos. La Unión Cívica se dividió, constituyéndose la Unión Cívica Nacional bajo la inspiración de Mitre y la Unión Cívica Radical bajo la dirección de Alem. El Partido Autonomista Nacional, por su parte, acusó la presencia de un movimiento disidente encabezado por Carlos Pellegrini y Roque Sáenz Peña,

deseosos de evitar la influencia de Roca. Pero éste contro-
laba firmemente los mecanismos electorales y, tras un
acuerdo con Mitre, pudo imponer el nombre de Luis Sáenz
Peña para la candidatura presidencial. El éxito acompañó al
candidato en la elección, pero no en el ejercicio del gobierno. Sujeto a la influencia de los dos políticos más influyentes del momento, Mitre y Roca, contemporizó con ambos
sin lograr definir su propia política. La Unión Cívica Radical volvió a intentar un movimiento revolucionario en 1893
que, aunque fracasó, probó la fuerza del partido en la provincia de Buenos Aires y el prestigio de Hipólito Yrigoyen,
sobrino de Alem. Cuando se sobrepuso a esas dificultades,
el presidente procuró continuar la obra de sus antecesores,
con cuyas ideas coincidía. Los trabajos del puerto de Buenos Aires progresaban rápidamente y se concluyeron por
entonces los del puerto de Rosario; la inmigración fue estimulada otra vez tras la retracción que había originado la
crisis de 1890, y el comercio exterior se intensificó gracias
al incesante crecimiento de la producción agropecuaria. Pero
los embates políticos de sus dos mentores no le dieron tre-
gua y Luis Sáenz Peña se vio obligado a renunciar a principios de 1895.

El grave problema de límites que la Argentina tenía con
Chile alcanzó entonces su mayor gravedad, y el vicepresidente José Evaristo Uriburu, que se hizo cargo del poder,
tuvo que afrontar la responsabilidad de preparar al país
para la guerra. Sólo a fuerza de prudencia pudo evitarse ese
peligro y se convino en la elección de un árbitro para dirimir
la disputa. Pero, ante la posibilidad de un conflicto militar,
la personalidad de Roca cobró vuelo otra vez y pareció el
candidato forzoso para la próxima presidencia. El Partido
Autonomista Nacional se alistó para la lucha con todos sus
recursos; en cambio, la Unión Cívica Radical se vio disminuida cuando, en julio de 1895, se suicidó su indiscutido

jefe, Leandro N. Alem, pocos meses después de que se constituyera, bajo la inspiración de Juan B. Justo, el Partido Socialista. Nada pudo impedir que en las elecciones de 1898 se repitiera el cuadro tradicional de los comicios fraudulentos, y Roca fue elegido por segunda vez presidente de la República.

Los seis años de su segundo gobierno se diferenciaron de los del primero. La identificación entre el presidente y el jefe de partido no se manifestó como antes, y acaso las graves preocupaciones internacionales contribuyeron a apartarlo de la política menuda. El problema de límites con Chile fue finalmente resuelto por el fallo del rey de Inglaterra, árbitro elegido, y la amenaza de guerra quedó descartada en 1902. Con todo, las necesidades de la defensa nacional habían movido al coronel Pablo Ricchieri, ministro de guerra, a gestionar la sanción de una ley de conscripción militar anual y obligatoria que votó el congreso en 1901. Nuevas leyes financieras e impositivas robustecieron la moneda, en un momento en que volvía a desarrollarse intensamente la producción agropecuaria, se multiplicaban las obras públicas —ferrocarriles, puertos, canales de riego, balizamiento de costas, obras sanitarias—y se ordenaba la administración pública. Las clases acomodadas veían cumplirse un programa de gobierno progresista; en cambio, las clases trabajadoras acusaban una inquietud cada vez mayor por la disminución de los salarios y sobre todo por la creciente desocupación. En 1902 el problema hizo crisis y estalló una huelga general que paralizó a la ciudad de Buenos Aires. La respuesta del gobierno fue la sanción de la "ley de residencia" que lo autorizaba a deportar a los extranjeros que "perturbaran el orden público". El movimiento obrero era, sin duda, obra de extranjeros en su mayoría, y la medida provocó reacciones violentas que la policía y el ejército sofocaron implacablemente. Pero el gobierno no pudo impedir, sin embargo, que gracias a una modificación del sistema electoral, llegara al parlamento en marzo de 1904 como diputado, Alfredo L. Palacios, candidato del Partido Socialista.

El problema de la sucesión presidencial acentuó, por entonces, las diferencias entre Pellegrini y Roca, que implicaban una división en el seno del Partido Autonomista Nacional. Pellegrini criticaba enérgicamente el fraude electoral y la tendencia oligárquica del Partido, y estaba vinculado a Roque Sáenz Peña, que compartía sus puntos de vista y mantenía trato con Hipólito Yrigoyen. Pero Roca seguía moviendo los hilos de su partido, manejados en la provincia de Buenos Aires por Marcelino Ugarte, y volcó su influencia a favor de la candidatura de Manuel Quintana, que obtuvo el triunfo en comicios viciados, una vez más, por el fraude. La Unión Cívica Radical, que ahora obedecía a Yrigoyen, afirmó entonces el principio de la abstención revolucionaria y no concurrió a las elecciones.

Para entonces, la fuerza del radicalismo había crecido mucho. Reunía a algunos sectores rurales hastiados de la omnipotencia de los grandes latifundistas, a los irreductibles enemigos de Roca que conservaban la tradición del rosismo y del autonomismo de Alsina y de Alem, y comenzaba a acoger en su seno a un vasto sector de inmigrantes e hijos de inmigrantes que empezaban a integrarse en la sociedad y a interesarse por la política. Esta circunstancia le daba fuerza en las ciudades, y el proceso continuo de transformación social del país aseguraba que su poder iría en aumento. No mucho después de iniciarse la presidencia de Quintana, el 4 de febrero de 1905, Yrigoyen desencadenó un movimiento revolucionario que contó con apoyo militar y tuvo mucha repercusión en varias provincias. Pero el gobierno logró sofocarlo y aprovechó la ocasión para extremar la persecución sistemática del movimiento obrero.

Crecía éste considerablemente en ciudades como Buenos Aires y Rosario, a medida que aumentaba la actividad industrial y se desarrollaba el sentimiento de clase entre los trabajadores. Las huelgas se sucedieron ininterrumpidamente y el presidente Quintana las enfrentó con sostenida energía, estableciendo repetidas veces el estado de sitio. Pero, pese a todo, la organización obrera se perfeccionaba y la tensión social crecía. Sólo la violenta hostilidad que se había suscitado entre socialistas y anarquistas constituyó un obstáculo para la acción conjunta. Pero en el Congreso, la acción tesonera de Palacios logró arrancar a los conservadores algunas leyes sociales, como la del descanso dominical obligatorio, que suponía una nueva actitud del Estado frente a los trabajadores.

En el seno del gabinete compartía esa actitud Joaquín V. González, que había elaborado un proyecto de ley nacional del trabajo; era un poeta sensible que, en *Mis montañas*, había traducido líricamente el paisaje de La Rioja nativa; y era un espíritu progresista que procuró hacer de la Universidad de La Plata, fundada por él, un centro moderno de educación superior. Pero no era González quien representaba mejor el espíritu de la oligarquía, sino, más bien, Marcelino Ugarte, gobernador de la provincia de Buenos Aires, que ejercía fuerte influencia sobre el presidente y se había erigido en director de la gran organización electoral que debía perpetuar fraudulentamente en el poder a su partido.

La muerte de Quintana y su reemplazo por José Figueroa Alcorta concluyó con la influencia de las figuras tradicionales del Partido Autonomista Nacional. La defensa de los intereses conservadores se hacía cada vez más difícil, ante la irreductible oposición del radicalismo y la violencia del movimiento obrero, que se manifestó en las huelgas de 1909 y 1910. El gobierno sancionó la ley de defensa social, que puso en sus manos al movimiento sindical. Ese año festejó la República el centenario de la independencia, y la ocasión favoreció el delineamiento de una actitud nacionalista en la oligarquía, que acentuó las tensiones sociales. Poco antes, en diciembre de 1907, había aparecido petróleo en un pozo de Comodoro Rivadavia, cuya explotación comenzó de inmediato. El país comenzaba a buscar un nuevo camino para su economía, poco antes de que Roque Sáenz Peña, presidente desde octubre de 1910, buscara un nuevo camino para su política.

Roque Sáenz Peña representaba el sector más progresista de la vieja oligarquía. Sólo ejerció el poder hasta 1914; pero en ese plazo logró que se aprobara la ley electoral que establecía el sufragio secreto y obligatorio sobre la base de los padrones militares. Fue el fruto de sus conversaciones con Hipólito Yrigoyen y de su propia prudencia de auténtico conservador. En las elecciones de Santa Fe de 1912 la nueva ley se puso en práctica por primera vez y la Unión Cívica Radical resultó triunfante. Poco después estalló la primera guerra europea y la Argentina adoptó una neutralidad benévola para con los aliados. Se anunciaba una era de prosperidad para los productores agropecuarios. Cuando en 1916 Victorino de la Plaza llamó a elecciones presidenciales bajo el imperio de la ley Sáenz Peña, el jefe del radicalismo, Hipólito Yrigoyen, resultó triunfante.

La derrota de los conservadores cerró una época que había inaugurado ese grupo de hombres que se aúna en lo que se llama la generación del 80. Eran espíritus cultivados que con frecuencia alternaban la política con la actividad de la inteligencia. Nutridos en las corrientes positivistas y cientificistas que en su tiempo predominaban en Europa, aspiraron a poner al país en el camino del desarrollo europeo. Trataron de que Buenos Aires se pareciera a París y procuraron que en sus salones brillara la elegancia francesa. Fundaron escuelas y estimularon los estudios universitarios porque tenían una fe indestructible en el progreso y en la ciencia. Tenían también una acentuada afición a la literatura. Eduardo Wilde, Miguel Cané, Eugenio Cambaceres, Lucio Vicente López, Julián Martel, entre otros, escribieron a la manera europea, pero reflejaron la situación de la sociedad argentina de su tiempo y especialmente de la clase a la que ellos pertenecían, elegante, refinada y un poco cínica. Sus hijos perdieron grandeza. Porque unos y otros se empeñaron en defender sus intereses de pequeño grupo privilegiado, se ha podido decir de ellos que constituyeron una oligarquía; y por las ideas que los movían se los ha calificado de liberales. Su mayor error fue ignorar el país que nacía de las transformaciones que ellos mismos promovían, en el que nuevos grupos sociales cobraban una fisonomía distinta a la de los sectores tradicionales del país. A principios de siglo, las clases medias y las clases trabajadoras poseían una existencia tan visible que sólo la ceguera de los que querían perderse podía impedir que se las descubriera. Cuando las clases medias advirtieron su fuerza, lograron el poder político e iniciaron una nueva etapa en la vida argentina.

XI. LA REPÚBLICA RADICAL
(1916-1930)

Los sectores sociales que llegaron al poder con el triunfo del radicalismo acusaron una fisonomía muy distinta de la que caracterizaba a la generación del 80. Salvo excepciones, los componían hombres modestos, de tronco criollo algunos y de origen inmigrante otros. El radicalismo, que en sus comienzos expresaba las aspiraciones de los sectores populares criollos apartados de la vida pública por la oligarquía, había luego acogido también a los hijos de inmigrantes que aspiraban a integrarse en la sociedad, abandonando la posición marginal de sus padres. Así adquiría trascendencia política el fenómeno social del ascenso económico de las familias de origen inmigrante que habían educado a sus hijos. Las profesiones liberales, el comercio y la producción fueron instrumentos eficaces de ascenso social, y entre los que ascendieron se reclutaron los nuevos dirigentes políticos del radicalismo. Acaso privaba aún en muchos de ellos el anhelo de seguir conquistando prestigio social a través del acceso a los cargos públicos, y quizá esa preocupación era más vigorosa que la de servir a los intereses colectivos. Y, sin duda, el anhelo de integrarse en la sociedad los inhibió para provocar cierto cambio en la estructura económica del país que hubiera sido la única garantía para la perpetuación de la democracia formal conquistada con la ley Sáenz Peña.

Por lo demás, la inmigración, detenida por la primera guerra europea, recomenzó poco después de lograda la paz, y, por cierto, alcanzó entre 1921 y 1930 uno de los más altos niveles, puesto que arrojó un saldo de 878 000 inmigrantes definitivamente radicados.

Gracias a una política colonizadora un poco más abierta que impusieron los gobiernos radicales, logró transformarse en propietario de la tierra un número de arrendatarios proporcionalmente más alto que en los años anteriores. Pero la población rural siguió decreciendo, y del 42% que alcanzaba en 1914 bajó al 32% en 1930. Su composición era muy diversa. La formaban los chacareros —arrendatarios en su mayoría— en las provincias cerealeras, los peones de las grandes estancias en las áreas ganaderas, los obreros semiindustriales en las regiones donde se explotaba la caña, la madera, la yerba, el algodón o la vid, todos estos sometidos a bajísimos niveles de vida y con escasas posibilidades de ascenso económico y social. En cambio, en las ciudades —cuya población ascendió del 58 al 68% sobre el total entre 1914 y 1930— las perspectivas económicas y las posibilidades de educación de los hijos facilitó a muchos descendientes de inmigrantes un rápido ascenso que los introdujo en una clase media muy móvil, muy diferenciada económicamente, pero con tendencia a uniformar la condición social de sus miembros con prescindencia de su origen.

Heterogénea en la región del litoral, la población lo comenzó a ser también en otras regiones del interior donde se habían instalado diversas colectividades como la siriolibanesa, la galesa, la judía y otras. Nuevos cultivos o nuevas formas de industrialización de los productos naturales atrajeron a nuevas corrientes inmigratorias que, a su vez constituyeron comunidades marginales cuando ya las primeras olas de inmigrantes habían comenzado a integrarse a través de la segunda generación. Pero las zonas más ricas y productivas siguieron siendo las del litoral, donde disminuía la producción de la oveja y se acentuaba la de los cereales y las vacas. En parte por la creciente preferencia que la industria textil manifestaba por el algodón y en parte por la predilección que revelaba el mercado europeo por la carne vacuna, la producción de ovejas perdió interés y se fue desplazando poco a poco hacia el interior —el oeste de la provincia de Buenos Aires, La Pampa, Río Negro y la Patagonia— al tiempo que decrecía su volumen. Las mejores tierras, en cambio, se dedicaron a la producción de un ganado vacuno mestizado en el que prevaleció el Shorthorn, que daba gran rendimiento y satisfacía las exigencias del mercado inglés, y a la producción de cereales, cuya exportación alcanzó altísimo nivel.

Empero, los precios del mercado internacional, aunque muy lentamente, comenzaron a bajar desde 1914 y los productos manufacturados que el país importaba empezaron a costar más en relación con el precio de los cereales. Así se fue creando una situación cada vez más difícil que condujo a una crisis general de la economía cuyas manifestaciones se hicieron visibles en 1929, al compás de la crisis mundial. Gran Bretaña vigilaba cuidadosamente el problema de sus importaciones y debía atender a las exigencias de los dominios del Imperio, lo cual entrañaba una amenaza para la producción argentina, que se había orientado de acuerdo con la demanda de los frigoríficos y del mercado inglés.

Una industria relativamente poco desarrollada, que había crecido durante la primera guerra mundial pero que se comprimió luego, una organización fiscal que obtenía casi todos sus recursos a través de los derechos aduaneros, y un presupuesto casi normalmente deficitario caracterizaron en otros aspectos la economía argentina durante la era radical. No es extraño, pues, que los complejos fenómenos sociales que se incubaban en la peculiar composición demográfica del país estallaran al calor de las alteraciones económicas y políticas luego de que el radicalismo alcanzó el poder en 1916.

Por lo demás, el clima mundial estimulaba la inquietud general y favorecía las aspiraciones a un cambio. La guerra europea dividió las opiniones y enfrentó a aliadófilos y germanófilos, estos últimos confundidos a veces con los neutralistas, pese a que, en verdad, la neutralidad que decretó el gobierno argentino convenía especialmente a los aliados. A poco de comenzar la presidencia de Yrigoyen estalló la revolución socialista en Rusia, y las vagas aspiraciones revolucionarias de ciertos sectores obreros se encendieron ante la perspectiva de una transformación mundial de las relaciones entre el capital y el trabajo. Las huelgas comenzaron a hacerse más frecuentes y más intensas, pero no sólo porque algunos grupos muy politizados esperaran desencadenar la revolución, sino también porque, efectivamente, crecía la desocupación a medida que se comprimía la industria de emergencia desarrollada durante la guerra, aumentaban los precios y disminuían los salarios reales. Obreros ferroviarios, metalúrgicos, portuarios, municipales, se lanzaron sucesivamente a la huelga y provocaron situaciones de violencia que el gobierno reprimió con dureza. Dos dramáticos episodios dieron la medida de las tensiones sociales que soportaba el país. Uno fue la huelga de los trabajadores rurales de la Patagonia, inexorablemente reprimida por el ejército con una crueldad que causó terrible impresión en las clases populares a pesar de la vaguedad de las noticias que llegaban de una región que todavía se consideraba remota. Otro fue la huelga general que estalló en Buenos Aires en enero de 1919 y que conmovió al país por la inusitada gravedad de los acontecimientos. La huelga, desencadenada originariamente por los obreros metalúrgicos, fue sofocada con energía, pero esta vez no sólo con los recursos del Estado, sino con la colaboración de los grupos de choque organizados por las asociaciones patronales que se habían constituido: la Asociación del Trabajo y la Liga Patriótica Argentina. Una ola de antisemitismo acompañó a la represión obrera, con la que las clases conservadoras creyeron reprimir la acción de los que llamaban agitadores profesionales y la influencia de los movimientos revolucionarios europeos.

También en otros campos repercutió por entonces la inquietud general. Los estudiantes de la Universidad de Córdoba desencadenaron en la vieja casa de estudios un movimiento que era también, en cierto modo, revolucionario. Salieron a la calle y exigieron la renuncia de los profesores más desprestigiados por su anquilosada labor docente y por sus actitudes reaccionarias. Era, en principio, una revolución académica que propiciaba el establecimiento de nuevos métodos de estudio, la renovación de las ideas y, sobre todo, el desalojo de los círculos cerrados que dominaban la universidad por el sólo hecho de coincidir con los grupos sociales predominantes. Pero era, además, una vaga revolución de contenido más profundo. Propició también la idea de que la universidad tenía que asumir un papel activo en la vida del país y en su transfomación, comprometiéndose quienes formaban parte de ella no sólo a gozar de los privilegios que les acordaban los títulos que otorgaba, sino también a trabajar desinteresadamente en favor de la colectividad. Afirmó el principio de que la universidad tenía, además de su misión académica, una misión social. Y en esta idea se encerraba una vaga solidaridad con los movimientos que en todas partes se sucedían en favor de las reformas sociales. No fue, pues, extraño que los estudiantes rodearan a Eugenio D' Ors, ni que Alejandro Korn y Alfredo L. Palacios adhirieran a lo que empezó a llamarse "la reforma universitaria".

Al cabo de poco tiempo, todas las universidades del país se vieron sacudidas por crisis semejantes. Los estudiantes hablaban de Bergson y repudiaban el positivismo, exigían participación en el gobierno universitario, pedían el reemplazo de la clase magistral por el seminario de investigación y, al mismo tiempo, vestían el *overall* proletario y se acercaban a las organizaciones obreras para hablar de filosofía o de literatura. Era, por lo demás, época de revisión de valores. También los jóvenes filósofos rechazaban el positivismo y predicaban la buena nueva de la filosofía de Croce, de Bergson o de los neokantianos alemanes. Pero eran sobre todo los escritores y los artistas los que se hallaban empeñados en una revolución más decidida. Se difundieron las tendencias del ultraísmo y quienes adhirieron a ellas comenzaron a defenderlas en el periódico *Martín Fierro*. Los jóvenes artistas y escritores declararon la insurrección contra las tradiciones académicas que encarnaron en Ricardo Rojas, en Manuel Gálvez, en Leopoldo Lugones. Eran los que seguían a Ricardo Güiraldes, que había publicado *Don Segundo Sombra* en 1926, y a Jorge Luis Borges, el autor de *Fervor de Buenos Aires* y *Luna de enfrente*. Pero en oposición a ellos —que se llamaron "los de Florida"— otros artistas y escritores se aglutinaron para defender el arte social en el popular barrio de Boedo: eran los que acompañaban a Leónidas Barletta, el de las *Canciones agrarias*, y a Roberto Arlt, el de *El juguete rabioso*. Y un día Emilio Pettoruti sorprendió a Buenos Aires con su exposición de pintura cubista.

Pero el signo más evidente de la crisis se advirtió en el campo de la política. Yrigoyen llegó al poder en 1916 como indiscutido jefe de un partido que había intentado repetidas veces acabar con el "régimen" conservador por el camino de la revolución. Yrigoyen representaba "la causa", que entrañaba la misión de purificar la vida argentina. Pero, triunfante en las elecciones, Yrigoyen aceptó todo el andamiaje institucional que le había legado el conservadorismo: los gobiernos provinciales, el parlamento, la justicia y, sobre todo, el andamiaje económico en el que basaba su fuerza la vieja oligarquía. Sin duda le faltó audacia para emprender una revolución desde su magistratura constitucional; pero no es menos cierto que su partido estaba constituido por grupos antaño marginales que más aspiraban a incorporarse a la situación establecida que a modificarla. Lo cierto es que el cambio político y social que pareció traer consigo el triunfo del radicalismo quedó frustrado por la pasividad del gobierno frente al orden constituido.

Ciertamente, Yrigoyen se enfrentó con las oligarquías provinciales y las desalojó progresivamente del poder mediante el método de las intervenciones federales. Entonces se advirtió la aparición de una suerte de retroceso político. Como imitaciones de la gran figura del caudillo nacional, comenzaron a aparecer en diversas provincias caudillos locales de innegable arraigo popular que dieron a la política un aire nuevo. José Néstor Lencinas en Mendoza o Federico Cantoni en San Juan fueron los ejemplos más señalados, pero no sólo aparecieron en el ámbito provincial, sino que aparecieron también en cada departamento o partido y en cada ciudad. El caudillo era un personaje de nuevo cuño, antiguo y moderno a un tiempo, primitivo o civilizado según su auditorio, demagógico o autoritario según las ocasiones; pero, sobre todo, era el que poseía influencia popular suficiente como para triunfar en las elecciones ejerciendo, como Yrigoyen, una protección paternal sobre sus adictos. A diferencia de los políticos conservadores, un poco ensoberbecidos y distantes, el caudillo radical se preocupaba por el mantenimiento permanente de esta relación personal, de la que dependía su fuerza, y recurría al gesto premeditado de regalar su reloj o su propio abrigo cuando, se encontraba con un partidario necesitado, a quien además ofrecía campechanamente un vaso de vino en cualquier cantina cercana, o se ocupaba de proveer médico y medicinas al correligionario enfermo, a cuya mujer entregaba después de la visita un billete acompañado de un protector abrazo. Y cuando llegaban las campañas electorales, ejercitaba una dialéctica florida llena de halagos para los sentimientos populares y rica en promesas para un futuro que no tardaría en llegar.

Los caudillos radicales transfirieron a la nueva situación social el paternalismo de los estancieros en oposición a la política distante que la oligarquía había adoptado; pero obligaron a los conservadores a competir con ellos dentro de sus propias normas, y el caudillismo se generalizó. Sólo la democracia progresista de Santa Fe, inspirada por Lisandro de la Torre, y el socialismo se opusieron a estos métodos, que Juan B. Justo estigmatizó con el rótulo de "política criolla".

Fueron los caudillos o sus protegidos quienes llegaron a las magistraturas y a las bancas parlamentarias en los procesos electorales que siguieron a la elección presidencial de 1916, algunos todavía pertenecientes a familias tradicionales, pero muchos ya nacidos de familias de origen inmigrante. Pero a pesar de eso la estructura económica del país quedó incólume, fundada en el latifundio y en el frigorífico, y el gobierno radical se abstuvo de modificar el régimen de la producción y la situación de las clases no poseedoras.

Por el contrario, ciertos principios básicos acerca de la soberanía nacional, caídos en desuso, obraron activamente en la conducción del radicalismo. Donde no había situaciones creadas, como en el caso del petróleo, Yrigoyen defendió enérgicamente el patrimonio del país.

La riqueza petrolera fue confiada a Yacimientos Petrolíferos Fiscales, cuya inteligente acción aseguró no sólo la eficacia de la explotación, sino también la defensa de la riqueza nacional frente a los grandes monopolios internacionales. Cosa semejante ocurrió con los Ferrocarriles del Estado. Pero, además de la defensa del patrimonio nacional, Yrigoyen procuró contener la prepotencia de los grupos económicos extranjeros que actuaban en el país. Y frente a la agresiva política de los Estados Unidos en AméricaLatina, defendió el principio de la no intervención ordenando, en una ocasión memorable, que los barcos de guerra argentinos saludaran el pabellón de la República Dominicana y no el de los Estados Unidos, que habían izado el suyo en la isla ocupada.

Ineficaz en el terreno económico, en el que no se adoptaron medidas de fondo ni se previeron las consecuencias del cambio que se operaba en el sistema mundial después de la guerra, el gobierno de Yrigoyen fue contradictorio en su política obrera, paternalista frente a los casos particulares, pero reaccionaria frente al problema general del crecimiento del proletariado industrial. Sin embargo, satisfizo a vastos sectores que veían en él un defensor contra la prepotencia de las oligarquías y un espíritu predispuesto a facilitar el ascenso social de los grupos marginales. Cuando Yrigoyen concluyó su presidencia, su prestigio popular era aún mayor que al llegar al poder. A él le tocó designar sucesor para 1922, y eligió a su embajador en París, Marcelo T. de Alvear, radical de la primera hora, pero tan ajeno como Yrigoyen a los problemas básicos que suscitaba la consolidación del poder social de las clases medias.

Algo más separaba, con todo, a Alvear de su antecesor. Le disgustaba la escasa jerarquía que tenía la función pública y aspiraba a que su administración adquiriera la decorosa fisonomía de los gobiernos europeos. Esta preocupación lo llevó a constituir un gabinete de hombres representativos, pero más próximos a las clases tradicionales que a las clases medias en ascenso. Era solamente un signo, pero toda su acción gubernativa confirmó esa tendencia a desplazarse hacia la derecha.

Demócrata convencido, Alvear procuró mantener los principios fundamentales del orden constitucional y trató de establecer una administración eficaz y honrada. Los presupuestos no fueron saneados, porque la situación económica no mejoró sustancialmente durante su gobierno, pero la organización fiscal fue perfeccionada y su funcionamiento ajustado. Sólo los problemas de fondo quedaron en pie sin que se advirtiera siquiera su magnitud, pese a que bastaba una ligera mirada al panorama internacional para observar que los desequilibrios de la economía de posguerra repercutirían inexorablemente en el país.

Era evidente que la situación económica y financiera del mundo se acercaba a una crisis, y como Gran Bretaña estaba incluida en ella, no era difícil prever que las posibilidades del comercio exterior argentino correrían serio peligro. Por otra parte, la crisis social y política había cobrado forma con la revolución rusa y se manifestaba de otra manera en el fascismo italiano, proponiéndose así diversos sistemas de soluciones que los distintos grupos sociales recibían como experiencias utilizables. Finalmente, la posición de los grupos capitalistas que operaban en el país se había complicado desde 1925 con el incremento de los capitales norteamericanos, que llegaban en parte aprovechando el vacío dejado por las exportaciones alemanas, y en parte como consecuencia del plan general de expansión de los Estados Unidos en Latinoamérica. Todas estas cuestiones debían repercutir sobre la débil estructura económica del país, pero era evidente que gravitarían sobre todo en el proceso de ascenso de las clases medias y de los sectores populares. Pero el radicalismo no percibió el problema y se mantuvo imperturbable en una política de buena administración y de mantenimiento del sistema económico tradicional.

Los sectores conservadores, por el contrario, reaccionaron en defensa de sus propios intereses. La simpatía popular se mantenía fiel a Yrigoyen, cuya figura adquiría poco a poco más que los caracteres de un caudillo, los de un santón. Un grupo militar encabezado por el ministro de guerra, Agustín P. Justo, comenzó a organizarse para impedir el retorno de Yrigoyen al poder; pero Alvear se opuso a que se siguiera por ese camino, sin poder evitar, sin embargo, que la conspiración continuara subterráneamente con el apoyo de los sectores conservadores. Distanciado de Yrigoyen, el presidente prefirió, en cambio, estimular la formación de un partido de radicales disidentes que se llamaron antipersonalistas y que tenían estrechos contactos con los conservadores. Cuando en 1928 llegó el momento de la renovación presidencial, el nuevo partido —que sostenía la fórmula Melo-Gallo— fue derrotado e Yrigoyen volvió al gobierno, ya valetudinario e incapaz. Muy pronto se advirtió que ni la simple acción administrativa se desenvolvía correctamente. El presidente no distinguía los pequeños asuntos cotidianos de los problemas fundamentales de gobierno, y el país todo sufría las consecuencias de una verdadera acefalía. Pero, con todo, no era ése el problema más grave. Ya en su primer gobierno Yrigoyen se había comportado como un político anacrónico; hombre del pasado, pensaba en una Argentina que ya no existía, la vieja Argentina criolla de Alsina y de Alem, y obraba en función de sus estructuras. Pero su triunfo mismo, imposible con el solo apoyo de los grupos marginales criollos, había demostrado que el país cambiaba velozmente merced a la integración de los grupos marginales criollos con los de origen inmigratorio. Y frente a ese conglomerado —y frente a los problemas que su aparición y su ascenso entrañaban— Yrigoyen no pudo modificar sus esquemas mentales ni diseñar una nueva política. Si su acción de gobierno fue endeble e inorgánica durante la primera presidencia, en la segunda fue prácticamente inexistente.

No faltó, sin embargo, cierta persistencia en las actitudes que lo habían caracterizado frente a los grandes intereses extranjeros. Las palabras que dirigiera al presidente Hoover o el proyecto de ley petrolera lo revelaban. Pero ni en ese terreno ni en el de la política interna supo obrar Yrigoyen con la energía suficiente para evitar que cuajaran algunas amenazas que se cernían sobre el gobierno y sobre el país.

La primera era la del ejército que el propio Yrigoyen había politizado, y que desde principios de siglo había caído bajo la influencia prusiana. Predispuesto a la conspiración desde la presidencia de Alvear, se volcó decididamente a ella cuando la ineficacia del gobierno, convenientemente destacada por una activa prensa opositora, comenzó a provocar su descrédito popular. Y el paternalismo de Yrigoyen impidió que el general Dellepiane, su ministro de guerra, obrara oportunamente para desalentarlo.

La segunda era la evolución de ciertos grupos conservadores que abandonaban sus convicciones liberales y comenzaban a asimilar los principios del fascismo italiano mezclados con algunas ideas del movimiento monárquico francés. Desde algunos periódicos, como *La Nueva República* y *La Fronda*, esas ideas empezaron a proyectarse hacia los grupos autoritarios del ejército y algunos sectores juveniles del conservadorismo: muy pronto parecerían también atrayentes a algunos jefes militares propensos a la subversión.

Pero las más graves eran las amenazas económicas y sociales derivadas de la situación mundial que, finalmente, había hecho crisis en 1929, y que empezaban a hacerse notar en el país. Los grupos ganaderos y la industria frigorífica se sintieron en peligro y comenzaron a buscar un camino que les permitiera sortear las dificultades. Y, simultáneamente, los grupos petroleros internacionales creyeron que había llegado el momento de forzar la resistencia del Estado argentino y comenzaron a buscar aliados en las fuerzas que se oponían a Yrigoyen.

En cierto momento, todos los factores adversos al gobierno coincidieron y desencadenaron un levantamiento militar. El general Justo, que había preparado la conspiración, se hizo a un lado cuando advirtió la penetración del ideario fascista entre algunos de los conjurados, y dejó que encabezara el movimiento el general José F. Uriburu, antiguo diputado conservador convertido luego en defensor del corporativismo. El 6 de septiembre de 1930 llegó "la hora de la espada" que había profetizado el poeta Leopoldo Lugones, ahora nacionalista reaccionario pese a su tradición de viejo anarquista. El general Justo se quedó en la retaguardia, en contacto con los políticos conservadores, radicales antipersonalistas y socialistas independientes, tratando de organizar una fuerza política que recogiera la herencia de la revolución. Con los cadetes del Colegio Militar y unas pocas tropas de la Escuela de Comunicaciones, el general Uriburu emprendió la marcha hacia la casa de gobierno y, tras algún tiroteo, entró en ella y exigió la renuncia del vicepresidente, Enrique Martínez, en quien Yrigoyen había delegado el poder pocos días antes.

El triunfo de la revolución cerró el período de la república radical, sin que Yrigoyen pudiera comprender las causas de la versatilidad de su pueblo, que no mucho antes lo había aclamado hasta la histeria y lo abandonaba ahora en manos de sus enemigos de la oligarquía. Su vieja casa de la calle Brasil —que los opositores llamaban "la cueva del peludo"— fue saqueada, con olvido de la indiscutible dignidad personal de un hombre cuya única culpa había sido llegar al poder cuando el país era ya incomprensible para él.

XII. LA REPÚBLICA CONSERVADORA
(1930- 1943)

No se equivocaban los viejos conservadores y sus herederos seducidos por el fascismo cuando afirmaban que el país se había desnaturalizado. Tras catorce años de gobierno radical, laxo y favorable a la espontánea expresión de las diversas fuerzas que coexistían en la sociedad argentina, había quedado al descubierto un hecho decisivo: el país criollo se desvanecía poco a poco y por sobre él se constituía una nueva Argentina, cuya fisonomía esbozaba la cambiante composición de la sociedad. Poco a poco se había constituido una vigorosa clase media de empleados, de pequeños propietarios y comerciantes, de profesionales que, concentrada en las ciudades, imponía cada vez más al país su propio carácter ignorando a las nostálgicas minorías tradicionales. Esa clase media era la que había ascendido al poder con el radicalismo y, tímidamente, proponía una nueva orientación para la vida argentina. Precisamente contra ella se dirigió la política de los sectores conservadores de viejo y nuevo cuño, que se apoderaron del gobierno en septiembre de 1930, en pleno desarrollo de la crisis mundial que había estallado el año anterior.

La crisis amenazaba fundamentalmente a los sectores ganaderos, representados eminentemente por los grupos políticos conservadores que habían sido desalojados del poder en 1916. Y aunque sólo en parte habían movido éstos la revolución del 6 de septiembre, supieron apoderarse de ella, rodeando al general Uriburu y distribuyéndose los cargos del gabinete. La más notoria figura del conservadorismo, Matías Sánchez Sorondo, ocupó el Ministerio del Interior y desde él orientó la política del nuevo gobierno hacia la reconquista del poder para sus correligionarios.

Los grupos nacionalistas —como se llamó a los teóricos del corporativismo, del revisionismo rosista y de otras tendencias análogas— contaban, sin embargo, con la simpatía del jefe del gobierno, que no vaciló en insinuar sus propósitos de reformar la Constitución de acuerdo con las concepciones moderadamente corporativas que expuso Carlos Ibarguren en un discurso pronunciado en Córdoba el 15 de octubre de 1930. Pero el anuncio suscitó fuertes resistencias. Por una parte, se levantó el clamor de los sectores democráticos, que se alinearon decididamente contra el gobierno en defensa de la Constitución de 1853 pero, por otra, se originó un movimiento de protesta en el seno de los partidos comprometidos con la revolución, que veían peligrar la herencia política que aguardaban. Estos últimos, sostenidos por los sectores militares que encabezaba el general Justo —ya candidato virtual a la presidencia—, lograron prevalecer en el gobierno; y a pesar del fracaso de los conservadores en las elecciones del 5 de abril de 1931 en la provincia de Buenos Aires, en las que triunfaron los candidatos radicales, consiguieron imponer el principio de la continuidad institucional.

Era, ciertamente, un régimen institucional muy endeble el que propiciaban. Mientras los nacionalistas se organizaban en cuerpos armados, como la Legión Cívica Argentina, los conservadores, los radicales antipersonalistas y los socialistas independientes constituyeron un frente político que se llamó primero Federación Nacional Democrática y luego Concordancia. Era evidente que esa coalición no lograría superar al radicalismo, pero sus sostenedores estaban resueltos a apelar al fraude electoral —que alguien llamó "fraude patriótico"— para impedir que los radicales llegaran al poder. Con ello se abrió una etapa de democracia fraudulenta promovida por quienes aspiraban a sujetar al país en la trama de sus propios intereses.

La despiadada persecución de los opositores fue la respuesta a la indignación general que provocaba la marcha del gobierno. Hubo cárcel y torturas para políticos, obreros y estudiantes; y, entre tanto, se comenzó a preparar un vigoroso dispositivo electoral que permitiera el triunfo formal de la candidatura gubernamental en las elecciones convocadas para el 8 de noviembre de 1931. El gobierno vetó la candidatura radical de Alvear y la oposición se aglutinó alrededor de los nombres de Lisandro de la Torre y Nicolás Repetto, proclamados por la Alianza Demócrata Socialista. Mediante un fraude apenas disimulado, la Concordancia logró llevar al gobierno al general Justo.

Signo revelador de la orientación política conservadora fue la resolución de cerrar el país a la inmigración. Ante la crisis que amenazaba a la economía agropecuaria, la preocupación fundamental fue contener todas las manifestaciones de la desordenada expansión que intentaba espontáneamente el país para reducirlo a los viejos esquemas. Tal había sido la intención de la revolución de septiembre y en ella perseveraron los gobiernos conservadores que le siguieron. Para salir de las primeras dificultades se recurrió a empréstitos internos y externos; pero de inmediato se emprendió el reajuste total de la economía nacional con la mirada puesta en la defensa de los grandes productores.

La situación se hizo más crítica a partir de 1932, cuando Gran Bretaña acordó en la Conferencia de Ottawa dar preferencia en las adquisiciones a sus propios dominios, lo que constituía una amenaza directa para las exportaciones argentinas. La respuesta fue una gestión diplomática que dio como resultado la firma del tratado Roca–Runciman, por el que se establecía un régimen de exportaciones de carnes argentinas compensadas con importantes ventajas concedidas al capital inglés invertido en el país.

Entre ellas, la más importante y la más resistida fue la concesión del monopolio de los transportes de la ciudad de Buenos Aires a un consorcio inglés, para prevenir la competencia del capital norteamericano que procuraba intensificar su acción en el país. El gobierno de Justo había iniciado la construcción de una importante red caminera de la que el país carecía: muy pronto Mar del Plata, Córdoba, Bahía Blanca quedarían unidas a Buenos Aires por rutas pavimentadas que estimularían el uso de ómnibus y camiones con grave riesgo para los ferrocarriles ingleses. En cierto modo, la Corporación de Transportes de Buenos Aires debía compensar a los inversores ingleses; pero la medida, como las otras que incluía el tratado, dejaron en el país la sensación de una disminución de la soberanía.

El problema de las carnes repercutió en el Senado, donde Lisandro de la Torre, Alfredo L. Palacios y Mario Bravo denunciaron los extravíos de la política oficial. En debates memorables —como el que Palacios había suscitado antes sobre las torturas a presos políticos o el que Bravo desencadenara sobre la adquisición de armamentos— Lisandro de la Torre interpeló al gobierno sobre la política seguida con los pequeños productores en relación con los intereses de los frigoríficos ingleses y norteamericanos. El asesinato del senador Bordabehere por un guardaespaldas de uno de los ministros interpelados acentuó la violencia del debate, en el que quedó de manifiesto la determinación del gobierno de ajustar sus actos a los intereses del capital extranjero.

Esta tendencia se puso de manifiesto, sobre todo, a través de una serie de medidas económicas y financieras que alteraron la organización tradicional de la economía nacional.

Hasta entonces, a través de gobiernos conservadores y radicales, la economía había estado librada a la iniciativa privada, estimulada por las organizaciones crediticias; pero a partir del gobierno de Justo, el Estado adoptó una actitud decididamente intervencionista. Se creó el Instituto Movilizador, para favorecer a los grandes productores cuyas empresas estuvieran amenazadas por un pasivo muy comprometedor; se estableció el control de cambios para regular las importaciones y el uso de divisas extranjeras; y, coronando el sistema, se creó el Banco Central, agente financiero del gobierno y regulador de todo el sistema bancario, en cuyo directorio tenía nutrida representación la banca privada.

En el campo de la producción, el principio intervencionista se manifestó a través de la creación de las Juntas Reguladoras: las carnes, los granos, la vid y otros productos fueron sometidos desde ese momento a un control gubernamental que determinaba el volumen de la producción con el objeto de mantener los precios. A causa de esas restricciones se limitaron considerablemente las posibilidades de expansión que requería el crecimiento demográfico del país, y con ella las posibilidades de trabajo de los pequeños productores y de los obreros rurales.

Quizá esa política contribuyó, en cambio, al desarrollo que comenzó a advertirse en las actividades industriales, cuyo monto empezó a crecer en proporción mayor que el de las actividades agropecuarias. En el período comprendido entre 1935 y 1941, el aumento producido en la renta nacional por el desarrollo industrial alcanzó a los cuatro mil millones de pesos, mientras el monto de la producción agropecuaria se mantenía estable. En 1944 se calculaba que había ocupadas en la industria un total de 1 200 000 personas. Así se constituía un nuevo sector social de características muy definidas, que se congregó alrededor de las grandes ciudades y en particular de Buenos Aires.

El origen de ese sector se escondía en un fenómeno de singular importancia para la vida del país. Cegadas o disminuidas las fuentes de trabajo en muchas regiones del interior, comenzó a producirse un movimiento migratorio hacia los centros donde aparecían posibilidades ocupacionales y de altos salarios. Al llegar a 1947 las migraciones internas totalizaban un conjunto de 3 386 000 personas, que residían fuera del lugar donde habían nacido; de ese total el 50% se había situado en el Gran Buenos Aires, el 28% en la zona litoral y sólo el 22% en otras regiones del país. Así se constituyó poco a poco un cinturón industrial que rodeaba a la Capital y a algunas otras ciudades, en el que predominaban provincianos desarraigados que vivían en condiciones precarias, pero que preferían tal situación a la que habían abandonado en sus lugares de origen. Un agudo observador de la realidad argentina, Ezequiel Martínez Estrada, que en 1933 había descripto con rara profundidad los problemas de la comunidad nacional en su *Radiografía de la Pampa*, llamó la atención poco después sobre la significación del desequilibrio entre la Capital y el país en un estudio penetrante que tituló *La cabeza de Goliat*. Pero se necesitarían todavía duras experiencias para que la conciencia pública se hiciera cargo de la magnitud y de las consecuencias del problema.

La cambiante composición de la clase trabajadora gravitó prontamente sobre la organización sindical, orientada hasta entonces por grupos anarquistas o socialistas de cierta experiencia política e integrada por inmigrantes o hijos de inmigrantes. Luego de muchos intentos, se había constituido en 1930 la Confederación General de Trabajadores, cuya labor se vio dificultada por las diferencias internas y por la represión del movimiento obrero en la que el gobierno no cejaba, hasta el punto de que sólo pudo constituirse definitivamente en 1937. Pero la incorporación de crecidos grupos de obreros nativos, ajenos a las prácticas sindicales y a las formas de la lucha obrera en el sector industrial, produjo desajustes en los ambientes sindicales. Esas y otras causas provocaron la división y el debilitamiento de la organización obrera en 1941.

Todas estas circunstancias revelaban un cambio profundo en la estructura del país, que si bien estaba vinculado a la situación mundial creada por la crisis de 1929, reconocía como causa inmediata la deliberada acción de los gobiernos conservadores. De ese carácter fue el de Justo iniciado el 20 de febrero de 1932 en una ceremonia en la que Uriburu, al entregar las insignias de mando, había depositado en manos del nuevo mandatario un proyecto de reforma constitucional que sintetizaba sus viejos sueños corporativistas. Pero Justo lo desdeñó y procuró orientar su gobierno dentro de las formas constitucionales, pese a los vicios electorales de su origen y a la decisión de seguir manteniendo el fraude para sostener el frente político en que se apoyaba.

Excluidos de la lucha comicial, los radicales apelaron varias veces a la insurrección, sin lograr éxito. También conspiraron largamente contra el gobierno los grupos nacionalistas, que contaban con núcleos civiles disciplinados y con algunas simpatías en el ejército; pero el gobierno sofocó todos los conatos revolucionarios y, aunque no vaciló en perseguir a los opositores, supo mantener la apariencia de un orden legal montado sobre una correcta administración.

Al margen de la actividad insurreccional de ciertos grupos, el radicalismo se organizó bajo la dirección de Alvear dentro de una línea muy moderada que no tenía otro programa que la reconquista del poder a través de elecciones libres. Pero la situación económico-social del país suscitaba cada día nuevos y más difíciles problemas. Frente a las soluciones de fondo que proponía el socialismo, comenzaron a delinearse las que proponía el grupo FORJA, constituido por jóvenes radicales de ideología progresista y nacionalista a un tiempo. Antibritánico por sobre todo, el grupo FORJA analizó las influencias del capital inglés en la formación y el desarrollo de la economía argentina, recogiendo los sentimientos antiimperialistas que se ocultaban en el vago pensamiento de Yrigoyen. Pero, a medida que fue desenvolviéndose, se advirtió que se diferenciaban en su seno los que querían mantener los principios democráticos del radicalismo tradicional y los que empezaban a preferir soluciones antiliberales vinculadas de alguna manera con las ideologías nazifascistas que por entonces alcanzaban su apogeo en algunos países de Europa. Si aquéllos se mantuvieron fieles al radicalismo, estos últimos se manifestaron dispuestos a secundar cualquier aventura política de tipo autoritario.

El estallido de la guerra civil española en 1936 provocó en el país una polarización de las opiniones, y el apoyo a la causa republicana constituyó una intencionada expansión para quienes deseaban expresar su repudio al gobierno. Acaso ese clima, acentuado por el creciente horror que provocaba el régimen de Hitler en Alemania, robusteció la certidumbre de que era necesario hallar un camino para restaurar la legalidad democrática en el país.

No fue suficiente, sin embargo, para decidir a los sectores conservadores a cambiar sus métodos al aproximarse la elección presidencial de 1938. Bajo la influencia de Alvear, el radicalismo —que estaba sacudido por un oscuro problema de concesiones eléctricas en el que habían intervenido sus concejales— levantó la abstención electoral en que se había mantenido desde que sus candidatos fueran vetados en 1931, y el propio Alvear fue elegido candidato a presidente. Los sectores conservadores consintieron en apoyar la candidatura de Roberto M. Ortiz, un político de extracción radical, pero con la condición de que lo acompañara en la fórmula un conservador tan probado como Ramón S. Castillo. Cuando llegaron las elecciones, el gobierno hizo el más audaz alarde de impudicia, alterando sin disimulos el resultado de los comicios. Ortiz fue consagrado presidente, pero la democracia sufrió un rudo golpe y el engaño contribuyó a acentuar el escepticismo de las masas populares, especialmente de las que, agrupadas en los grandes centros urbanos, comenzaban a adquirir conciencia política.

Una vez en el poder, Ortiz manifestó cierta tendencia a buscar una salida para la turbia situación política del país. La misma magnitud del fraude había demostrado la persistencia del sentimiento democrático, demostrado no sólo en el apoyo al radicalismo, sino también en la simpatía por la causa de la República Española y luego en el repudio a las agresiones nazis que condujeron a la guerra mundial en septiembre de 1939. Desencadenado el conflicto, un sector del ejército se inclinó hacia el Eje; pero los sectores liberales apoyaron a Ortiz, que decretó la neutralidad. Con ese mismo respaldo, el presidente decidió dar los primeros pasos hacia la normalización institucional del país. En un acto de innegable energía, decretó la intervención de la provincia de Buenos Aires, cuyo gobernador, Manuel A. Fresco, era no sólo desembozadamente adicto a las doctrinas fascistas, sino también el más vehemente defensor del fraude electoral. A partir de entonces las posiciones se polarizaron y los sectores pronazis emprendieron una enérgica ofensiva que contó con la propaganda de los periódicos subvencionados por la embajada alemana. Una circunstancia fortuita les dio el triunfo: afectado por una ceguera incurable, Ortiz debió renunciar en junio de 1940 y ocupó la presidencia Castillo, conservador definido y que apenas disimulaba su simpatía por Alemania.

El gobierno de Castillo duró tres años y desde el primer momento se advirtió que retornaba a la tradición del fraude. Si en ello no innovaba, se atrevió a acentuar aún más las tendencias reaccionarias de sus predecesores. Los grupos pronazis lo rodearon y tiñeron su administración con sombríos colores. Y los sectores militares favorables al Eje trataron de forzar la política nacional para orientarla en el sentido que ellos preferían.

Pero el curso de la guerra mundial obligó a revisar las posiciones. Fuertes movimientos, como el que se denominó Acción Argentina, se organizaron para defender la causa de las potencias democráticas. Y en el seno de los grupos allegados al gobierno comenzaron a dividirse las opiniones entre los que buscaban, para las elecciones que debían realizarse en 1944, un candidato que respondiese a los intereses de los Estados Unidos y los que buscaban uno que no precipitara esa definición.

Castillo se inclinó hacia los primeros y apoyó la candidatura de Robustiano Patrón Costas, en quien se creía ver cierta tendencia a unir el destino del país a los Estados Unidos, acaso por sus intereses industriales que no lo aproximaban a Gran Bretaña, como ocurría con los ganaderos de la provincia de Buenos Aires. Esa preferencia pareció peligrosa a los sectores pronazis del ejército, agrupados en una logia secreta conocida con el nombre de GOU. La posibilidad de un vuelco hacia la causa de los aliados podía poner en descubierto su actividad, contraria a la neutralidad formalmente mantenida por el gobierno, y el 4 de junio de 1943, ante la mirada estupefacta de la población de Buenos Aires, que no sospechaba la inminencia de un golpe militar, sacaron a la calle las tropas de las guarniciones vecinas a la Capital y depusieron sin lucha al presidente de la República, cuyo ministro de guerra encabezaba la insurrección. Así terminó la república conservadora, suprimida por una revolución pretoriana análoga a la que le había dado nacimiento, en el momento en que, en Europa, la suerte de las armas comenzaba a girar hacia las democracias. Pero la revolución de junio no giraba hacia la democracia, sino que aspiraba a iniciar en el país una era de sentido análogo al de la que en Europa terminaba ante la execración universal.

XIII. LA REPÚBLICA DE MASAS (1943- 1955)

La revolución del 4 de junio llevó al poder, a los dos días de su triunfo, al general Pedro P. Ramírez, ministro de Guerra del gobierno derrocado. Los coroneles del GOU se distribuyeron los principales cargos y desde ellos comenzaron a actuar con tal desarmonía que fue difícil establecer el sentido general de su orientación política. Lo importante era, en el fondo, salvar la situación creada por los compromisos de ciertos grupos con los países del Eje; pero mientras se resolvía este problema, se procuró intentar una política popular congelando alquileres o destituyendo magistrados y funcionarios acusados de inconducta. Para resolver la cuestión de fondo, el ministro de Relaciones Exteriores aventuró una gestión ante el gobierno de los Estados Unidos que concluyó en una lamentable humillación; y finalmente, no quedó otra salida que resolver la declaración de guerra a Alemania y al Japón en enero de 1944. El estado de guerra justificó la represión del movimiento opositor y sirvió para que el gobierno se incautara de los bienes que consideró "propiedad enemiga".

Pero mientras los coroneles ultimaban este episodio, uno de ellos, Juan D. Perón, descubría la posibilidad de poner en funcionamiento un plan más sutil. Aun cuando ocupaba la Subsecretaría de Guerra, logró que se le designara presidente del Departamento Nacional del Trabajo, y sobre esa base organizó en seguida la Secretaría de Trabajo y Previsión con jerarquía ministerial. Con la experiencia adquirida en Italia durante la época fascista y con el consejo de algún asesor formado en el sindicalismo español, Perón comenzó a buscar el apoyo de algunos dirigentes obreros y logró, no siempre limpiamente, atraerse ciertos sectores sindicales. Desde entonces, el gobierno comenzó a contar con un pequeño respaldo popular que fue creciendo a medida que progresaba el plan del nuevo secretario de Trabajo.

Reemplazado Ramírez por el general Edelmiro J. Farrell en febrero de 1944, la fisonomía del gobierno comenzó a variar sensiblemente bajo la creciente influencia de Perón, que ocupó, además de la Secretaría de Trabajo y Previsión, el Ministerio de Guerra y la vicepresidencia del gobierno provisional. La orientación gubernamental se definió. Por una parte se procuró destruir a los opositores, en parte por la vía de la represión, y en parte por la creación de una atmósfera hostil a los partidos tradicionales a los que, en conjunto, se hacía responsables de la perversión de la democracia que sólo habían promovido los conservadores. Por otra, se trató de poner en funcionamiento un plan de acción para consolidar el poder de los grupos dominantes, organizando las fuerzas económicas y sociales del país de tal manera que quedaran al servicio de los designios de hegemonía continental que acariciaba el Estado Mayor del Ejército. Estas ideas fueron expuestas por Perón en un discurso pronunciado en la Universidad de La Plata y transformadas en el fundamento de su futuro programa político.

A medida que crecía la influencia de Perón se advertía que buscaba apoyarse simultáneamente en el ejército y en el movimiento sindical. Esta doble política lo obligaba a una constante vigilancia. Los sectores obreros acogían con satisfacción la inusitada política laboral del gobierno que los favorecía en los conflictos con los patrones, estimulaba el desarrollo de las organizaciones obreras adictas y provocaba el alza de los salarios; pero subsistían en su seno muchas resistencias de quienes conocían la política laboral fascista. En el ejército, por su parte, algunos grupos reconocían la capacidad de conducción de Perón y aprobaban su plan de atraer a los obreros con el ofrecimiento de algunas ventajas para sujetarlos a los ambiciosos planes del Estado Mayor; pero otros no tardaron en descubrir el peligro que entrañaba la organización de poder que Perón construía rápidamente en su beneficio, y opinaron que constituía una amenaza para las instituciones democráticas. Ésta fue también la opinión de los partidos tradicionales y de los vastos sectores de clase media que formaron en la "Marcha de la Constitución y de la Libertad", nutrida concentración con la que se quiso demostrar la impopularidad del gobierno y el repudio a sus planes. La defensa de la democracia formal unía a todos los sectores, desde los conservadores hasta los comunistas. El nombre de los próceres sirvió de bandera, y por sobre todos el de Sarmiento, el civilizador, cuya biografía daba a luz por esos días Ricardo Rojas llamándole *El profeta de la pampa*.

La presión de los sectores conservadores movió a un grupo militar a exigir, el 9 de octubre de 1945, la renuncia de Perón a todos sus cargos y su procesamiento. En el primer instante, la ofensiva tuvo éxito, pero las fuerzas opositoras no lograron luego aprovecharlo y dieron tiempo a que se organizaran los sectores ya definidamente peronistas, los que, con decidido apoyo militar y policial, se dispusieron a organizar un movimiento popular para lograr el retorno de Perón. El 17 de octubre nutridas columnas de sus partidarios emprendieron la marcha sobre el centro de Buenos Aires desde las zonas suburbanas y se concentraron en la plaza de Mayo solicitando la libertad y el regreso de su jefe. Acaso sorprendida por el inesperado apoyo popular que éste había logrado, la oposición no se atrevió a obrar y el gobierno ofreció una suerte de transacción: Perón quedaría en libertad, abandonaría la función pública y afrontaría la lucha electoral en elecciones libres que controlaría el ejército. Una vez en libertad, Perón apareció en el balcón de la Casa de Gobierno y consolidó su triunfo arengando a la muchedumbre en un verdadero alarde de demagogia.

El espectáculo había sido inusitado. Las clases medias de Buenos Aires ignoraban que, en los últimos años y como resultado de las migraciones internas, se había constituido alrededor de la ciudad un conjunto social de caracteres muy diferentes a los del suburbio tradicional. La era del tango y del "compadrito" había pasado. Ahora poblaban los suburbios los nuevos obreros industriales, que provenían de las provincias del interior y que habían cambiado su miseria rural por los mejores jornales que les ofrecía la naciente industria. De 3 430 000 habitantes que tenía en 1936, el Gran Buenos Aires había pasado a 4 724 000 en 1947. Pero, sobre estos totales, mientras en 1936 había solamente un 12% de argentinos inmigrados del interior, este sector de población había pasado a constituir un 29% en 1947. Los partidos políticos ignoraron esta redistribución ecológica; pero Perón la percibió, descubrió la peculiaridad psicológica y social de esos grupos y halló el lenguaje necesario para comunicarse con ellos. El resultado fue un nuevo reagrupamiento político que contrapuso esas nuevas masas a los tradicionales partidos de clase media y de clases populares, que aparecieron confundidos en lo que empezó a llamarse la "oligarquía".

El panorama político del país cambió, pues, desde el 17 de octubre. Hasta ese momento los partidos tradicionales habían estado convencidos de que el movimiento peronista era impopular y que la mayoría seguía aglutinándose alrededor del radicalismo; pero desde entonces comenzaron a convencerse del arraigo que la nueva política obrera había adquirido. La consecuencia fue la formación de la Unión

Democrática, frente electoral en el que se unieron conservadores, radicales, demócratas progresistas, socialistas y comunistas para sostener, frente a la de Perón, la candidatura radical de José P. Tamborini.

La campaña electoral fue agitada. Perón logró atraer a ciertos sectores del radicalismo y del conservadorismo y fue a las elecciones en compañía de un radical, Hortensio J. Quijano. Lo respaldaba desembozadamente el aparato gubernamental y lo apoyaban fuertes sectores del ejército y de la Iglesia, así como también algunos grupos industriales que esperaban una fuerte protección del Estado para sus actividades. Pero también lo apoyaba una masa popular muy numerosa cuya fisonomía, a causa de su novedad, no acertaban a descubrir los observadores. La formaban, en primer lugar, los nuevos sectores urbanos y, luego, las generaciones nuevas de las clases populares de todo el país, que habían crecido en el más absoluto escepticismo político a causa de la permanente falsificación de la democracia que había caracterizado a la república conservadora. Muy poco trabajo costó a Perón, poseedor de una vigorosa elocuencia popular, convencer a esa masa de que todos los partidos políticos eran igualmente responsables de tal situación. El 24 de febrero de 1946, en elecciones formalmente inobjetables, la fórmula Perón-Quijano triunfó en casi todo el país con 1 500 000 votos, que representaban el 55% de la totalidad de los electores.

Antes de entregar el gobierno, Farrell adoptó una serie de medidas para facilitar la obra de Perón, entre ellas la intervención a todas las universidades y la expulsión de todos los profesores que habían tenido alguna militancia contra él. Cuando Perón ocupó la presidencia el 4 de junio de 1946, continuó la remoción de los cuadros administrativos y judiciales sin detenerse siquiera ante la Corte Suprema de Justicia. Gracias al incondicionalismo del parlamento pudo

revestir todos sus actos de una perfecta apariencia constitucional. Esta característica prevaleció durante todo su gobierno,
apoyado, además, en una constante apelación a la adhesión
directa de las masas que, concentradas en la plaza de Mayo,
respondían afirmativamente una vez por año a la pregunta
de si el pueblo estaba conforme con el gobierno. Entusiastas
y clamorosas respondían al llamado del jefe y ofrecían su
manso apoyo sin que las tentara la independencia.

El presidente contaba con una floreciente situación económica. Gracias a la guerra mundial el país había vendido
durante varios años a buenos precios su producción agropecuaria y había acumulado fuerte reserva de divisas a
causa de la imposibilidad de importar productos manufacturados. De 1 300 millones en 1940, las reservas de divisas
llegaron a 5 640 millones en 1946, y esta situación siguió
mejorando hasta 1950 a causa de las buenas cosechas y de
la demanda de productos alimenticios por parte de los países que sufrían las consecuencias de la guerra. La Argentina se hizo pagar a buen precio sus productos, de acuerdo
con la tesis poco generosa del presidente del Banco Central, Miguel Miranda, que inspiró la política económica del
gobierno durante varios años. Esa circunstancia permitió a
Perón desarrollar una economía de abundancia que debía
asegurarle la adhesión de las clases populares.

Fuera de la legitimidad de su título constitucional, la
fuerza del gobierno seguía consistiendo en el apoyo que le
prestaban los grupos de poder: el ejército, la Iglesia y las
organizaciones obreras. Para mantener ese apoyo, Perón
trazó distintas líneas políticas y procuró mantener el equilibrio entre los distintos sectores que lo sostenían. Pero el
que más le preocupaba era el sector obrero, en el que sólo
él tenía ascendiente y con cuya fuerza debía contrarrestar
la de los otros dos, que sin duda poseían su propia política.
De ahí la significación de su política laboral.

Tres aspectos distintos tuvo esa política. En primer lugar, procuró acentuar los elementos emocionales de la adhesión que le prestaba la clase obrera. Tanto su oratoria como la acción y la palabra de su esposa, Eva Duarte de Perón —a quien se le había asignado específicamente esa función—, estaban destinadas a destacar la actitud paternal del presidente con respecto a los que vivían de su salario y a los necesitados. Una propaganda gigantesca y bien organizada llevaba a todos los rincones de la República el testimonio de esa preocupación por el bienestar de los que, desde la campaña electoral, se llamaban los "descamisados", manifestada en desordenadas distribuciones de paquetes con ropas y alimentos, o en obsequios personales de útiles de trabajo o medicinas. Y cuando se convocaba una concentración popular, los discursos del presidente y de su esposa adquirían los matices de una verdadera explosión sentimental de amor por los humildes.

En segundo lugar, se logró establecer una organización sindical rígida a través de la Confederación General del Trabajo, que agrupó a varios millones de afiliados de todos los sindicatos, obligados a incorporarse y a contribuir automáticamente. Estrechamente vigilada por el presidente y por Eva Perón, la CGT respondía incondicionalmente a los designios del gobierno y transmitía sus consignas hacia los sindicatos y los delegados de fábrica que, a su vez, las hacían llegar a la base.

Finalmente, el gobierno mantuvo una política de salarios altos, a través de la gestión de contratos colectivos de trabajo que generalmente concluían mediante una intervención directa del Ministerio de Trabajo y Previsión. Esta política no fue, en modo alguno, perjudicial para los patrones, quienes trasladaban automáticamente esos aumentos de salarios a los precios, con lo que se acentuó la tendencia inflacionista de la política económica gubernamental. Leyes jubilatorias, indemnizaciones por despido, vacaciones pagadas, aguinaldo y otras ventajas directas dieron la impresión a los asalariados de que vivían dentro de un régimen de protección, acentuada por los cambios que se produjeron en las formas de trato entre obreros y patrones.

La política económica no fue menos novedosa y su rasgo predominante fue el intervencionismo estatal y la nacionalización de los servicios públicos. El gobierno proyectó dos planes quinquenales que, por su improvisación y superficialidad, no pasaron de ser meros instrumentos de propaganda. Fue creado el Instituto Argentino de Promoción del Intercambio para comercializar las cosechas, pero en poco tiempo se transformó en una monstruosa organización burocrática que redujo los márgenes de los productores en las buenas épocas sin garantizar suficientemente su situación futura; en cambio, sirvió para favorecer los intereses de los grupos económicos allegados al gobierno, que se enriquecieron con el régimen de control de las exportaciones e importaciones. Y al mismo tiempo permitió el gobierno que determinados sectores de la industria media y liviana prosperaran considerablemente, gracias a los créditos que otorgaba el Banco Industrial y el abundante consumo estimulado por los altos salarios En cuanto a las nacionalizaciones, las medidas fueron más drásticas. El 1° de marzo de 1947, de manera espectacular, fue proclamada la recuperación de los ferrocarriles, que, sin embargo, habían sido adquiridos a las empresas inglesas en la suma de 2 462 millones de pesos, pese a que la Dirección Nacional de Transportes los había valuado poco antes en 730 millones. Lo mismo se hizo con los teléfonos, el gas y la navegación fluvial. Pero la predominante preocupación política del gobierno impidió una correcta administración de los servicios, de modo que disminuyeron los niveles de eficacia y el monto de las ganancias.

A partir de 1950 la situación comenzó a cambiar. Una prolongada sequía malogró las cosechas y los precios internacionales comenzaron a bajar. En la vida interna, se acusaban cada vez más los efectos de la inflación, que hacía ilusorios los aumentos de salarios obtenidos por los sindicatos a través de gestiones cada vez más laboriosas. Las posibilidades ocupacionales y la esperanza de altos jornales comenzaron a ser cada vez más remotas para el vasto sector de obreros industriales, acrecentado por un nutrido contingente de inmigrantes que, entre 1947 y 1954, dejó un saldo de 747 000 personas. Una crisis profunda comenzó a incubarse, por no haberse invertido en bienes de capital las cuantiosas reservas con que contaba el gobierno al comienzo de su gestión y por no haberse previsto las necesidades crecientes de la industria y de los servicios públicos en relación con la progresiva concentración urbana; pero sobre todo porque, pese a la demagogia verbal, nada se había alterado sustancialmente en la estructura económica del país.

Pese a todo, Perón pudo conservar la solidez de la estructura política en que se apoyaba. La depuración del ejército le aseguró su control, y la organización electoral se mantuvo incólume. Pero, ciertamente, carecían de fuerza los partidos políticos que lo apoyaban. Con o sin ellos, Perón mantenía su pequeño margen de ventaja sobre todas las fuerzas opositoras unidas, sobre todo a partir de la aplicación de la ley de sufragio femenino, sancionada en 1947. La gigantesca organización de la propaganda oficial contaba con múltiples recursos; los folletos y cartillas, el control de casi todos los periódicos del país, el uso de la radio, la eficaz oratoria del presidente y de su esposa y los instrumentos de acción directa, como la Fundación Eva Perón, que manejaba ingentes sumas de dinero de origen desconocido, todo ello mantenía en estado de constante tensión a una masa que no advertía que la política de salarios y mejoras sociales no iba acompañada por ninguna reforma fundamental que asegurara la perduración de las ventajas obtenidas. Ni los signos inequívocos de la inflación consiguieron despertar la desconfianza frente a la singular "justicia social" que proclamaba el gobierno.

En el fondo, la propaganda tenía como finalidad suprema mantener la autoridad personal de Perón, y tal fue también el sentido de la reforma constitucional de 1949, que incorporó al histórico texto numerosas declaraciones sobre soberanía y derechos de los trabajadores sólo para disimular su verdadero objeto, que consistía en autorizar la reelección presidencial. Otros recursos contribuyeron a robustecer el régimen personalista: la obsecuencia del parlamento, el temor de los funcionarios y, sobre todo, la inflexible represión policial de las actividades de los adversarios del régimen. Ni los partidos políticos ni las instituciones de cultura pudieron realizar reuniones públicas, ni fue posible publicar periódicos o revistas que tuvieran intención política. A los opositores les fue impedido hasta salir del país y a los obreros que resistían a las organizaciones oficiales se los persiguió brutalmente. Un plan militar de defensa del orden interno —el plan Conintes—proveyó al gobierno del instrumento legal necesario para apagar la vida cívica.

La cultura se resintió de esos males. Los escritores editaban sus libros y los artistas exponían sus obras, pero la atmósfera que los rodeaba era cada vez más densa. Las universidades se vieron agitadas por incesantes movimientos estudiantiles que protestaban contra un profesorado elegido con criterio político y sometido a la vejación de tener que cometer actos indignos, como solicitar la reelección del presidente u otorgar el doctorado honoris causa a su esposa. Las instituciones de cultura debieron cerrar sus puertas y sólo prosperaron las que agrupaban a los adictos al régimen, que demostraba marcada predilección por un grotesco folklorismo. Y, entre tanto, el presidente se comprometía en lamentables aventuras científicas que pretendían asegurarle repentinamente al país la preeminencia en las investigaciones atómicas. Por otra parte, el gobierno había impuesto en la enseñanza primaria y secundaria la obligación de comentar su obra; se hizo obligatorio el uso del presunto libro de Eva Perón titulado *La razón de mi vida* y se estableció la enseñanza religiosa. Dos iniciativas felices se pusieron, sin embargo, en práctica: las escuelas-fábricas y la Universidad Obrera.

La respuesta a esta creciente organización dictatorial fue una oposición sorda de las clases altas y de ciertos sectores politizados de las clases medias y populares. La oposición pudo manifestarse generalmente en la Cámara de Diputados, a través del reducido bloque radical o en las campañas electorales, en que los partidos políticos denunciaban los excesos del régimen. En 1951 un grupo militar de tendencia nacionalista encabezado por el general Menéndez intentó derrocar al gobierno, pero fracasó y los hilos de la conspiración pasaron a otras manos, que consiguieron conservarlos a la espera de una ocasión propicia.

El fallecimiento de Eva Perón en 1952 constituyó un duro golpe para el régimen. Reposaba sobre sus hombros la vigilancia del movimiento obrero y a su muerte, el presidente tuvo que desdoblar aún más su personalidad para asegurar su control del ejército y mantener su autoridad sobre la masa obrera. Esta doble necesidad requería de Perón una duplicidad de planteos, cuya reiteración fue debilitándolo. Algo había perdido también de eficacia personal, acaso trabajado por la obsecuencia de sus colaboradores y por problemas personales que comprometían su conducta privada. En esas circunstancias se produjo un resquebrajamiento de su plataforma política al apartarse de su lado los sectores católicos que habían contribuido a sostenerlo hasta entonces. Seguramente preocupaba ya en esos círculos el problema de su sucesión, y Perón reaccionó violentamente contra ellos enfrentando a la Iglesia. Una tímida ley de divorcio, la supresión de la enseñanza religiosa y el alejamiento de ciertos funcionarios reconocidamente fieles a la influencia eclesiástica, revelaron la crisis.

El conflicto con la Iglesia, que alcanzó ciertos matices de violencia y a veces de procacidad, contribuyó a minar el apoyo militar a Perón, apartando de él a los sectores nacionalistas y católicos de las fuerzas armadas. Repentinamente, la vieja conspiración militar comenzó a prosperar y se preparó para un golpe que estalló el 16 de junio de 1955. La Casa de Gobierno fue bombardeada por los aviones de la Armada, pero los cuerpos militares que debían sublevarse no se movieron y el movimiento fracasó. Ese día grupos regimentados recorrieron las calles de Buenos Aires con aire amenazante, incendiaron iglesias y locales políticos, pero el presidente acusó el golpe porque había quedado al descubierto la falla que se había producido en el sistema que lo sustentaba. Acaso no era ajena a esa crisis la gestión de contratos petroleros que el presidente había iniciado con algunas empresas norteamericanas.

En los sectores allegados al gobierno comenzó un movimiento para reordenar sus filas. Ante la evidente retracción de las fuerzas armadas, el movimiento obrero peronista creyó que podía acentuar su influencia. Un decidido sector de dirigentes de la Confederación General del Trabajo comenzó a presionar al disminuido presidente para que armara a las milicias populares. Pero el planteo obrero amenazaba con desembocar en una verdadera revolución, y Perón, cuya auténtica política había sido neutralizar a las masas populares, esquivó la aventura a que se lo quería lanzar.

En esas condiciones, la conspiración militar adquirió nuevo vuelo bajo la dirección del general Eduardo Lonardi, y estalló en Córdoba el 16 de septiembre. Hubo allí acciones violentas, pero la sublevación general de la marina, que concentró sus barcos en el Río de la Plata y amenazó con bombardear la Capital, enfrió el escaso entusiasmo de los jefes aún adictos a Perón. Pocos días después el presidente entregó su renuncia y Lonardi se hizo cargo del poder.

Subrepticiamente, Perón se refugió en la embajada del Paraguay y poco después se embarcó en una cañonera que lo llevó a Asunción. De la férrea organización que lo había sostenido no quedaron sino vagos vestigios incapaces de resistir. De la obra que había emprendido para asegurar la "justicia social" no subsistió sino el melancólico recuerdo de los anuales aumentos de jornales que ilusionaban a quienes enjugaban con el pago de las retroactividades las deudas que la inflación les había obligado a contraer. De la proclamada "independencia económica" no subsistía sino el recuerdo de los leoninos contratos petroleros que había gestionado con los monopolios internacionales. Cuarenta y ocho horas bastaron para poner al descubierto la constitutiva debilidad de la obra de diez años. Sólo quedaban unas masas populares resentidas por el fracaso, que se negaban a atribuir al elocuente conductor, y procuraban endosar a la "oligarquía". Y quedaba una "oligarquía" que confiaba en subsistir y en prosperar, gracias a la fortaleza que había logrado al amparo de quien se proclamaba su enemigo. Pero indudablemente la relación entre oligarquía y masas populares quedaba planteada en el país en nuevos términos, porque los sectores obreros urbanos habían crecido considerablemente y habían adquirido no sólo experiencia política, sino también el sentimiento de su fuerza como grupo social.

XIV. LA REPÚBLICA EN CRISIS (1955-1973)

Las diferencias entre los grupos que habían derribado a Perón se manifestaron de inmediato. Los sectores nacionalistas y católicos, algunos de ellos comprometidos con el régimen peronista durante largo tiempo, inspiraron la política del presidente Lonardi, quien proclamó que no había "ni vencedores ni vencidos". Hubo un intento de acercamiento a los dirigentes sindicales, bien dispuestos a tratar con los vencedores, pero éste no llegó a cuajar: el 13 de noviembre de 1955 los sectores liberales y rígidamente antiperonistas, nucleados en torno del vicepresidente Rojas, separaron a Lonardi y colocaron en su lugar al general Pedro Eugenio Aramburu. Desde entonces, las figuras de tradición liberal —conservadores y radicales, abogados y empresarios— predominaron en la administración y fijaron la posición del gobierno, que fue definida explícitamente como una prolongación de "la línea de Mayo y Caseros". La fórmula significaba un retorno al liberalismo; pero aplicada a la situación del momento expresó la adopción de una actitud conservadora, especialmente en materia económica y social

En materia económica, el acento fue puesto en la libre empresa, a pesar de que el economista Raúl Prebisch, a quien se le encargó la elaboración de un diagnóstico económico, había recomendado que el Estado conservara "los resortes superiores de la intervención". Esa tendencia repercutió sobre la política laboral, aun cuando el gobierno no acertó a fijar una línea en ese terreno. Los empresarios aprovecharon el debilitamiento de las organizaciones sindicales, que fueron intervenidas y, ante la prescindencia del Estado, procuraron limitar las conquistas que los asalariados habían obtenido en los últimos años. Estallaron entonces huelgas y conflictos gremiales, que fueron severamente reprimidos, y los sectores obreros se agruparon alrededor de la bandera de Perón, produciéndose una exaltación nostálgica de la época en que habían sido protegidos por el Estado.

No faltó el intento revolucionario desencadenado por jefes, oficiales y suboficiales del ejército adictos a Perón. El movimiento estalló en La Plata y el gobierno lo reprimió con desusada energía, no vacilando en aplicar la pena de muerte a los principales comprometidos. La medida causó estupor en muchos sectores y contribuyó a ensanchar el abismo que separaba a los derrotados de los vencedores.

Proscripto el peronismo, el gobierno estimuló la acción de los viejos partidos políticos y constituyó la Junta Consultiva, de la que sólo quedaron excluidos los partidos de extrema izquierda y extrema derecha. En su seno se debatieron ampliamente importantes problemas, advirtiéndose la aparición de contrapuestas corrientes de opinión frente a cada uno de ellos.

El gobierno demostró su decisión de acelerar la normalización institucional del país. Para prepararla, convocó una convención para la reforma de la Constitución, que se reunió en Santa Fe y congregó a representantes de casi todos los partidos, por haberse puesto en práctica el principio de la representación proporcional. El hecho político sobresaliente de ese período fue la división de la Unión Cívica Radical en dos sectores —la UCR Intransigente y la UCR del Pueblo— bajo las direcciones de Arturo Frondizi y Ricardo Balbín, respectivamente. La UCRI había comenzado a adoptar una actitud de oposición frente al gobierno, acusándolo de seguir una política antipopular. En las elecciones de convencionales de 1957 los dos sectores del radicalismo demostraron una paridad de fuerzas mientras los votos en blanco, que reunían al electorado peronista, constituían la mayoría. Para forzar al electorado en las futuras elecciones presidenciales, la UCRI decidió retirarse de la Convención. Por esa y otras causas el cuerpo no pudo cumplir su cometido y se limitó a establecer la vigencia de la Constitución de 1853, con el agregado de una declaración que instituyó los derechos sociales, entre ellos el de huelga.

Para las elecciones presidenciales que se avecinaban, el candidato presidencial de la UCRI, Arturo Frondizi, gestionó y obtuvo el apoyo de los votos peronistas, obteniendo la mayoría en las elecciones del 23 de febrero de 1958. Algunos sectores militares miraron con recelo esa reaparición de los vencidos de 1955 y no faltó quien pensara que podía producirse un golpe de estado que impidiera la normalización constitucional, pero el presidente Aramburu se mantuvo firme en su promesa y entregó el poder a su sucesor.

En la etapa electoral, Frondizi había propuesto la integración de un vasto frente, en el que debían reunirse empresarios, obreros, sectores intelectuales, eclesiásticos y hasta militares, para impulsar al país a dar un gran salto en su desarrollo. Insistía en la urgencia de renovar la infraestructura y desarrollar un sector de industrias básicas, único camino para iniciar un crecimiento económico integrado. Aunque su lenguaje moderno y atractivo atrajo a muchos, el frente en definitiva se limitó a un pacto electoral entre Perón, depositario de los votos obreros, y Rogelio Frigerio, asesor de Frondizi y cabeza de un grupo de técnicos que aspiraban a hacer de puente entre los grupos empresarios nacionales y los inversores extranjeros, que por entonces manifestaban decidido interés por instalarse en la Argentina.

De los capitales extranjeros, precisamente, se esperaba el impulso fundamental. La ley de Radicación de Capitales les concedió condiciones harto atractivas, reforzadas por la ley de Promoción Industrial; en materia energética, el propio presidente condujo la negociación, que culminó con una serie de contratos para la exploración y explotación de las reservas petroleras. Paralelamente, el gobierno solucionaba la situación de las empresas eléctricas, adquiriendo el equipo instalado y constituyendo la empresa SEGBA, con mayoría estatal. En esos años la entrada de capitales extranjeros, especialmente norteamericanos, fue muy importante, desarrollándose rápidamente las industrias básicas, como la petroquímica y la siderúrgica, y también la automotriz.

Los primeros meses de gobierno fueron de acelerada expansión, acentuada por un aumento masivo de salarios que, en parte, retribuía el apoyo electoral de los sectores obreros. La inflación que desató obligó pronto a aplicar fórmulas económicas más ortodoxas: al Plan de Estabilización y Desarrollo de diciembre de 1958 siguió, en junio de 1959, la incorporación como ministro de Economía del ingeniero Álvaro Alsogaray, campeón de la política económica ortodoxamente liberal y declarado enemigo del grupo encabezado por Frigerio. Alsogaray aplicó en los dos años siguientes un programa estabilizador ortodoxo: restricción crediticia, reducción del déficit fiscal, congelamiento de salarios, fuerte devaluación y supresión de los subsidios que, a través de tipos de cambio preferenciales, recibían muchas empresas nacionales. El costo social de esta política fue muy alto, especialmente por la secuela de cierres y la creciente desocupación. Pasado el peor momento de la crisis, y cuando comenzaba una nueva fase expansiva, Alsogaray fue reemplazado y se retomó, parcialmente, la política originaria.

Las condiciones mismas de la economía hicieron que estas crisis se repitieran periódicamente; en esos años se vieron agravadas por la casi crónica crisis política de un gobierno que, carente de fuerza propia, se vio permanentemente atenazado por el sindicalismo peronista y por los sectores militares. El gobierno cumplió parte de sus compromisos con el sindicalismo peronista: se sancionó la ley de Asociaciones Profesionales, que daba una gran capacidad de maniobra a los dirigentes, y en 1961 se normalizó la CGT. A pesar de que el gobierno llegó a contar con un grupo de dirigentes adictos, la oposición sindical fue creciendo en intensidad, sobre todo luego de la aplicación del Plan de Estabilización de 1959. En enero de 1959 fue necesario ocupar militarmente el Frigorífico Nacional, para desalojar a los obreros que resistían la intervención. En mayo, Perón denunció el pacto firmado con Frigerio en vísperas de las elecciones, lo que motivó el alejamiento del asesor presidencial, y desde entonces creció la resistencia sindical, agravada por reiterados actos de sabotaje.

Tampoco eran fáciles las relaciones con las fuerzas armadas, que desconfiaban de la versatilidad del presidente. Ya en 1958 se produjeron los primeros "planteos" (fórmula con la que se empezaron a conocer las perentorias exigencias de las Fuerzas Armadas), que se fueron agravando a medida que el estado deliberativo ganaba las filas militares. Ante cada coyuntura, los distintos jefes expresaban opiniones diferentes y no faltaron, en 1959, episodios en los que grupos antagónicos estuvieron a punto de dirimir sus diferencias a cañonazos en plena ciudad. Frente a las reiteradas presiones, el presidente optó por tratar de salvar su cargo y no vaciló en sacrificar, una y otra vez, a cada uno de sus cuestionados colaboradores civiles o militares. En marzo de 1960 dispuso la aplicación del llamado Plan Conintes, por el que las Fuerzas Armadas asumían la tarea de enfrentar la creciente oposición generada en los sectores obreros.

La política exterior de Frondizi creó un nuevo campo para las fricciones. El lanzamiento del programa de la Alianza para el Progreso por el presidente Kennedy —mirado con desconfianza por buena parte de los sectores tradicionales de ambas Américas— encontró en Frondizi un entusiasta partidario. Simultáneamente se había producido la crisis cubana, y el movimiento revolucionario del Caribe suscitaba en Buenos Aires una amplia ola de simpatía, en virtud de la cual en 1961 fue elegido senador por la Capital el socialista Alfredo L. Palacios. Frondizi se propuso mediar entre Estados Unidos y Cuba, y comenzó a desarrollar, en materia de política exterior, una línea cada vez más independiente. Sus entrevistas con el presidente brasileño Quadros —otro heterodoxo— y luego con el ministro cubano de Industrias, Ernesto Guevara, suscitaron una creciente oposición entre los mandos militares, quienes lo obligaron finalmente a romper relaciones con Cuba, a pesar de que poco tiempo antes Frondizi había declarado enfáticamente que no lo haría.

Sin embargo, el problema más complejo era el electoral, y en él se jugaba su suerte un gobierno cada vez más huérfano de apoyo. A través de los partidos neoperonistas, los vencidos de 1955 se aprestaban a volver a la escena política, y el partido oficial procuró convertirse en la alternativa a lo que muchos juzgaban su inevitable triunfo. El desplazamiento de Alsogaray del ministerio de Economía permitió retomar una política más flexible, en la que abundaron las dádivas de inequívoco sabor preelectoral, al tiempo que se procuraba polarizar en torno de la UCRI a todo el electorado antiperonista. El camino a la elección de marzo de 1962 constituyó una suerte de gigantesco equívoco, pues los peronistas, que dudaban de las ventajas de un triunfo, especularon con la posibilidad de ser proscriptos y ofrecieron un elenco de candidatos francamente irritativos, especialmente en la provincia de Buenos Aires. Alentado por algunos éxitos previos, el gobierno prefirió arriesgarse a vencerlos en las elecciones y fracasó: mientras los radicales del pueblo triunfaban en Córdoba y el partido oficial sólo se anotaba un éxito significativo en la Capital Federal, los partidos peronistas ganaban ocho provincias, entre ellas la de Buenos Aires. Esto selló la suerte del gobierno: anticipándose a lo que juzgaba una segura exigencia militar, el presidente decidió intervenir las provincias en que habían triunfado los peronistas, aunque no logró con ello evitar su deposición, apenas demorada unos días por la visita que por entonces realizaba el príncipe de Edimburgo. El 29 de marzo de 1962 los jefes militares detenían al presidente Frondizi y lo confinaban en la isla Martín García; concluía así, con un rotundo fracaso, el primer intento de encontrar una solución a la crisis política iniciada en 1955.

Mientras los jefes militares deliberaban sobre el rumbo a seguir, José María Guido, presidente provisional del Senado y primero en la línea sucesoria institucional (el vicepresidente electo había renunciado en 1958) se presentaba sorpresivamente ante la Corte Suprema de Justicia y prestaba juramento como presidente. Poco después, los comandantes militares aceptaban esta situación, cuando el flamante mandatario se comprometió a anular las elecciones, intervenir todas las provincias y declarar el Congreso en receso. Se conservaba así un remedo de legalidad, y en ello radicó la fuerza de un presidente permanentemente sometido a las imposiciones de los distintos grupos militares. La crisis política había agravado la crisis económica cíclica, y se decidió aplicar rápida y enérgicamente la conocida fórmula estabilizadora: el ministro Federico Pinedo efectuó una violenta devaluación del peso, que sumió la actividad económica en el marasmo; aunque al cabo de dos semanas fue relevado, su sucesor, el ingeniero Alsogaray, continuó aplicando las mismas fórmulas, aunque con más prudencia.

El año 1962 fue difícil en lo económico y también en lo político. Dentro de las Fuerzas Armadas la deliberación llegó a su grado más alto y condujo a repetidos enfrentamientos abiertos. Se discutía, sobre todo, la pertinencia de intentar una nueva salida electoral, visto que de uno u otro modo la decisión quedaba en definitiva en manos de los votos peronistas. A esto se agregaba la creciente desconfianza que algunos sectores tenían hacia los dirigentes políticos en general, e iba cobrando cuerpo la idea de un gobierno puramente militar. Esta opinión no era por entonces unánime y, frente a esa tendencia, caracterizada por un estricto liberalismo en materia económica y una firme posición antiperonista, se fue constituyendo otra, proclive a una salida electoral que resguardara la legalidad, pero preocupada, sobre todo, por la creciente politización de las Fuerzas Armadas. La vuelta a la legalidad era para esos jefes militares el único camino para que las Armas retornaran a la senda profesional. En septiembre de 1962 la situación hizo crisis en el ejército, y los dos bandos, conocidos como *colorados* y *azules* (colores que identificaban a los contendientes en los juegos de guerra académicos) llegaron a un choque armado que tuvo por escenario las calles de la capital. Triunfó el grupo azul, legalista, cuyo jefe, el general Onganía, fue designado comandante en jefe del Ejército. Todavía hubo un nuevo episodio de este enfrentamiento cuando la Marina, simpatizante con el grupo colorado, pero voluntariamente marginada de los incidentes anteriores, se rebeló en abril de 1963. El enfrentamiento fue entonces mucho más violento y la victoria de los *azules*, concluyente.

La salida electoral, sin embargo, no dejaba de ofrecer dificultades. Originariamente el gobierno estimuló la formación de un gran Frente Nacional, que incluyera a todas las fuerzas políticas, pero en definitiva éste se limitó a un acuerdo entre el peronismo y algunos partidos menores. La fórmula presidencial que presentó, aceptable inclusive para muchos antiperonistas, fue finalmente vetada y el Frente no concurrió a elecciones. En cambio se presentó el general Aramburu, postulado por un partido nuevo formado apresuradamente, la Unión del Pueblo Argentino, que ofrecía al electorado antiperonista la seguridad del respaldo militar. El 7 de julio de 1963 los votos en blanco fueron otra vez muy importantes pero, gracias al aporte de una parte de los votos peronistas, la Unión Cívica Radical del Pueblo ocupó el primer puesto, con apenas algo más del 25% de los sufragios. En el Colegio Electoral hubo acuerdo para consagrar presidente a su candidato, Arturo Illia.

Carente de una sólida mayoría electoral y con pocos apoyos entre los restantes factores de poder, el gobierno encabezado por el Dr. Illia apenas pudo ofrecer un elenco honorable y una conducción mesurada, suficiente seguramente para un período normal, pero incapaz de elaborar una alternativa imaginativa y sólida para la casi crónica crisis política. Durante su campaña, el partido había hablado de nacionalismo económico, de intervención estatal y de protección a los consumidores, y estos principios orientaron su política económica. Buenas cosechas y una mejora en la balanza de pagos permitieron un aumento relativo de los salarios y un estímulo a la demanda, con lo que se solucionó la desocupación y se puso fin a la aguda crisis cíclica. La sanción de la ley de Abastecimientos procuró, con poca eficacia, defender a los consumidores, mientras que retiraba parte del apoyo crediticio a las grandes empresas, derivándolo a las pequeñas, de capital nacional. Los contratos petroleros firmados por Frondizi fueron anulados y, finalmente, renegociados, al tiempo que se modificaba el acuerdo con SEGBA, asegurando la mayoría estatal en la conducción. Esta política nacionalista no pasó de allí, pero creó reticencias entre los inversores extranjeros, que cesaron de hacer nuevos aportes.

En lo económico, el estancamiento fue progresivo, mientras que en lo político se advertía, con creciente claridad, que el gobierno carecía de una salida posible. A principios de 1963 se normalizó la CGT y los sindicalistas peronistas asumieron su conducción; el gobierno procuró hostilizarlos, sobre todo mediante la reglamentación de la ley de Asociaciones Profesionales y el estímulo a los grupos sindicales minoritarios. Los sindicatos se enfrentaron pronto con el gobierno y en 1964 lanzaron un "Plan de Lucha" que concluyó con la ocupación pacífica por los obreros de 11 000 establecimientos fabriles. Por entonces se estaba desarrollando, dentro del movimiento peronista, una tendencia a establecer relaciones más flexibles y distantes con el ex presidente, por entonces residente en Madrid. El neoperonismo, o peronismo sin Perón, como querían sus críticos, creció en algunas provincias tradicionales y, sobre todo, en el sector sindical, cuyos dirigentes descubrieron que los intereses de las poderosas instituciones que manejaban a menudo no coincidían con los del jefe en el exilio. Creció por entonces el predicamento de un dirigente singular, el metalúrgico Augusto Vandor, artífice de una política que combinaba, en dosis cambiantes, el enfrentamiento y la negociación. En las elecciones de Mendoza, de principios de 1965, el neoperonismo decidió sostener un candidato poco grato a Perón, quien jugó toda su autoridad en apoyo de otro menos conocido pero probadamente leal. La división peronista favoreció en definitiva el triunfo de sus adversarios, pero el líder exiliado logró vencer a los disidentes y asegurar su hegemonía dentro del movimiento.

Las elecciones de 1965 llevaron al Congreso Nacional a muchos diputados neoperonistas, que hicieron alardes de convivencia con sus colegas. Sin embargo, a nadie escapaba que las elecciones de gobernadores en 1967 reactualizarían el problema que había provocado la caída de Frondizi en 1962. Por entonces, las relaciones entre el Ejército y el gobierno eran cada vez más frías y, mientras se veía con preocupación la futura e inevitable crisis, cobraba cuerpo entre los jefes militares la idea de constituir un gobierno que, excluyendo a los partidos políticos, integrara a las Fuerzas Armadas con los "factores reales de poder", sobre todo empresarios y sindicatos. Durante los meses iniciales de 1966, mientras los dirigentes sindicales acentuaban su presión, una campaña periodística minó el prestigio del gobierno, acusándolo de lento e ineficiente. El 28 de junio de ese año los tres comandantes en jefe depusieron al presidente Illia. La situación no era nueva —aunque sí lo era la dignidad con que el presidente afrontaba su destino sin torcer su conducta— y ponía fin al segundo intento para solucionar la crisis política iniciada en 1955.

La presencia de varios sindicalistas en la ceremonia en que juró el nuevo presidente, general Juan Carlos Onganía, pareció confirmar la existencia de un acuerdo entre el poder militar y el poder sindical. Sin embargo, el flamante presidente dio pronto pruebas de no estar dispuesto a compartir sus responsabilidades con nadie y los propios mandos militares debieron dar un paso atrás. Por entonces Onganía no sólo tenía el apoyo pleno de las Fuerzas Armadas, sino que gozaba de un vasto consenso nacional, y había una suerte de confianza general en su capacidad para realizar los cambios que a todos parecían urgentes. De ese modo, el nuevo presidente pudo anunciar, sin despertar mayores resistencias, que su gobierno carecía de plazos.

Desde el principio caracterizó su accionar un definido paternalismo, fuertemente autoritario, un estilo sobrio y escasamente verborrágico y un carácter marcadamente tecnocrático. Acompañó su gestión un grupo de funcionarios de inmaculados antecedentes, vasta experiencia empresarial y nula experiencia política. Pronto se hizo sentir el carácter autoritario del gobierno: un Estatuto de la Revolución condicionó la vigencia de la Constitución, se suspendieron las actividades políticas, se ejerció una severa tutela sobre periódicos y libros y, en el episodio más criticado de su gobierno, se acabó mediante un acto policial con la autonomía de las universidades. Pareció entonces que, más que contener los desbordes estudiantiles, se buscaba destruir la fecunda y creativa experiencia universitaria iniciada en 1955. La severa mano del Estado llegó hasta los puertos y ferrocarriles, llevando a cabo una racionalización largo tiempo demorada, y también hasta los sindicalistas, a quienes se dio la opción de "participar" —esto es, aprobar sin disentir— o sufrir las consecuencias pertinentes.

Sólo en marzo de 1967 se advirtió a dónde se orientaba esta política ordenadora. Hasta entonces la conducción económica había sido errática e ineficiente; ese mes asumió el ministerio de Economía Adalbert Krieger Vasena, autor de uno de los programas más coherentes en concepción y ejecución, que haya conocido la República en crisis. Se atacó decididamente la inflación mediante la racionalización del Estado, la reducción del déficit y el congelamiento de los salarios, regulados por el gobierno.

Se suprimieron los subsidios indirectos a ciertas industrias y a regiones marginales; se realizó una fuerte devaluación, que aseguró a la moneda un largo período de estabilidad, pero simultáneamente se aplicó una retención a las exportaciones que impidió que sus beneficiarios fueran los sectores agropecuarios. Con esta masa de dinero el Estado emprendió una serie de obras públicas —El Chocón, el Nihuil, el túnel Santa Fe-Paraná, los accesos a la Capital— que en muchos casos solucionaban graves problemas para el crecimiento del sector industrial. Se procuró con estas medidas alentar a las empresas eficientes, y este vocablo, el "eficientismo", sirvió para definir toda la nueva política: eficientes eran aquellas empresas que producían según normas y costos internacionales, capaces de competir en el mercado mundial, y sobre todo las filiales de las grandes corporaciones extranjeras, que por esos años consolidaron su posición en el país.

Es posible que, con más tiempo, esta política hubiera dado sus frutos; pero en lo inmediato suscitó resistencias tales que determinaron su fracaso. No eran solamente los disconformes los sectores asalariados, que veían sensiblemente reducida su capacidad adquisitiva; eran también las empresas de capital nacional, afectadas por la disminución de las ventas y la restricción del crédito; los grupos agropecuarios, gravados con fuertes impuestos; provincias enteras, como Tucumán o Chaco, cuyas economías locales sufrían los efectos de la política adoptada; y otros sectores menos precisos, pero igualmente amplios, como los inquilinos, afectados por la liberación de los alquileres. Era un movimiento general de protesta que, con dificultad y poca claridad, trataba de manifestar el descontento popular.

A lo largo de 1969 la "paz militar" fue deteriorándose. Comenzó a conocerse por entonces la acción de los grupos armados clandestinos que, a partir de algunas acciones de notoriedad, ingresaron en la vida política argentina para no abandonarla por mucho tiempo. Más espectaculares fueron algunos estallidos antigubernamentales en ciudades del interior, en los que si bien participaron aquellos grupos armados, hubo una evidente movilización popular, expresiva de las tensiones acumuladas en la sociedad argentina. La más espectacular fue la ocurrida en Córdoba, a fines de mayo de 1969, cuando por un par de días la ciudad estuvo en manos de los insurrectos.

Aquel movimiento, el llamado "cordobazo", hirió de muerte al gobierno de Onganía. Muchos de quienes lo habían apoyado, desilusionados por la falta de perspectivas de su política, ordenancista, poco flexible y carente de creatividad, descubrieron que ni siquiera era totalmente

eficaz para salvaguardar el orden público. Hubo rectifica-
ciones parciales, como el relevo del ministro de Economía
pero en lo sustancial el presidente se negó a rever el rumbo y
aun a aceptar las sugestiones de los mandos militares. En junio de 1970, en momentos en que el asesinato, poco claro
por entonces, del ex presidente Aramburu agregaba un
nuevo elemento de dramaticidad, los tres comandantes militares, recientemente designados por el presidente Onganía, disponían su relevo y su reemplazo por el general
Levingston, por entonces en Estados Unidos, prácticamente desconocido para la opinión pública.

Esta falta de autoridad y poder propios signó el gobierno del nuevo presidente y sus relaciones con la Junta de
Comandantes. La violencia, recientemente establecida,
continuó y aun se profundizó, anotándose nuevas y espectaculares acciones. Pareció, pues, necesario encontrar para
el gobierno iniciado en 1966 una salida política que, am-
pliando las bases consensuales del poder, permitiera levantar un sólido dique a la violencia. El presidente Levingston
procuró buscar la salida al margen de los dirigentes políticos tradicionales, dirigiéndose a lo que llamaba "la generación intermedia". También trató de innovar en materia
económica, y el nuevo ministro, Aldo Ferrer, se propuso
"argentinizar" la economía, apoyando al empresariado nacional. Si en este aspecto no hubo logros espectaculares, en
cambio se desató una espectacular e incontrolable inflación
que agregó otro elemento irritante al conflictivo panorama. Mientras tanto, los partidos tradicionales procuraron,
por su cuenta, hallar la fórmula de la salida política. En
noviembre de 1970 el radicalismo, el justicialismo (nombre
con que el peronismo procuraba hacer olvidar viejos agra-
vios) y muchos otros partidos suscribían un documento,
La Hora del Pueblo, que constituyó la base de la futura salida política. Los proyectos del presidente y de los partidos

eran, en el fondo, incompatibles, y finalmente la Junta de Comandantes, que consideró más viable este último, decidió a su vez relevar a Levingston y reemplazarlo por el comandante en jefe del Ejército, general Alejandro Lanusse. Por primera vez, ambos cargos eran desempeñados por una misma persona.

Por entonces era evidente que el tercer ensayo de superar la crisis política iniciada en 1955 había fracasado, y el nuevo gobierno se preocupó casi exclusivamente de buscar una salida política. El ministro del Interior, Arturo Mor Roig, veterano dirigente radical, impulsó un programa que fue bautizado "Gran Acuerdo Nacional". Había una coincidencia sobre la necesidad de llegar a las elecciones, pero también ciertamente, una gran discrepancia en torno del problema de Perón.

El Perón de 1972 aparecía muy distinto al de años anteriores. Abandonando casi totalmente (aunque no del todo) sus antiguas y rígidas consignas, se manifestaba abierto al diálogo y dispuesto al acuerdo con sus antiguos enemigos, con quienes procuraba lograr un amplio frente de coincidencias para reconstruir la República. Mientras tanto, cobraba cuerpo entre aquéllos una suerte de aceptación tácita del derecho del peronismo a volver al gobierno. Es que Perón se había convertido, por la fuerza de las circunstancias, en la única alternativa al poder militar, y la polarización que se dio en torno suyo ese año constituyó uno de los fenómenos más dramáticos e interesantes de nuestra historia. Estaban, naturalmente, quienes provenían del peronismo histórico, celosos defensores de lo que empezaba a llamarse la "verticalidad", esto es, el acatamiento a la voluntad, real o supuesta, del líder. Pero junto con ellos estaban también los activistas de todas las tendencias, desde la extrema derecha hasta la extrema izquierda, que veían en el anciano líder la herramienta eficaz de múltiples cambios. Otros

en cambio, veían en la figura de Perón la última posibilidad de un orden legítimo, que cerrara la crisis política en
que se debatía el país desde 1955. Finalmente, grupos de
empresarios nacionales y extranjeros, e inclusive de dirigentes rurales, eran captados por el lenguaje de un político
de masas que, en los largos años del exilio, parecía haberse
transformado en un verdadero estadista. El carisma de Perón operó esta vasta polarización, que se tradujo en el
triunfo masivo, por dos veces, del frente electoral por él
impulsado. El año 1973 pareció cerrar definitivamente un
ciclo de inestabilidad y frustraciones. En poco tiempo, sin
embargo, la República descubrió que todavía le quedaba
por vivir la más aguda y dolorosa de sus crisis.

XV. PÉRDIDA Y RECUPERACIÓN DE LA REPÚBLICA
(1973- 1996)*

El retorno de Perón a la presidencia sólo se produjo después de una serie de complejas peripecias. El presidente Lanusse fracasó en imponer su propia candidatura, que presentaba como transaccional entre las Fuerzas Armadas y Perón, pero logró proscribir al líder exiliado, quien entonces designó como candidato vicario a Héctor Cámpora. Éste, que manifestaba una incondicional solidaridad con el líder, suscitó a la vez fuertes simpatías entre los sectores juveniles y radicalizados del peronismo, nucleados en la llamada "tendencia revolucionaria". Los jóvenes dieron el tono a la agitada campaña electoral, realizada bajo el lema de "dependencia o liberación", que culminó con el triunfo electoral del peronismo. Las nuevas autoridades asumieron el 25 de mayo de 1973, con la simbólica presencia de los presidentes de Chile y Cuba, Salvador Allende y Osvaldo Dorticós, rodeados de una inmensa muchedumbre que escarneció a los jefes militares. Después de dieciocho años, la voluntad popular podía consagrar, con plena libertad, un gobierno constitucional que expresaba, a la vez, el deseo impreciso pero imperioso de transformaciones profundas.

Durante esos años se asistió a una verdadera "primavera de los pueblos", llena de esperanzas vagas e indefinidas. Desde 1969 la movilización popular no sólo había jaquea-

* Este capítulo ha sido redactado por Luis Alberto Romero.

do al régimen militar sino desafiado de distintas maneras el orden establecido. Muchos procuraron imponerle una dirección. Los partidos políticos, débiles y hasta raquíticos debido a la larga falta de funcionamiento pleno de las instituciones representativas, fueron incapaces de hacerlo; en cambio lo lograron una serie de organizaciones políticas y armadas, nacidas en la lucha contra el régimen militar, al que enfrentaron por medio de acciones de guerrilla urbana. De los varios "ejércitos" que operaron, realizando acciones militares espectaculares que eran miradas con simpatía por buena parte de la población, los que mejor lograron arraigar en el movimiento popular fueron los Montoneros. Se trataba de un grupo de origen nacionalista y católico al que pronto se sumaron sectores provenientes de la izquierda, que sobresalió por su capacidad para asumir el discurso y las consignas de Perón, combinarlas con otras provenientes del nacionalismo tradicional, del catolicismo progresista y de la izquierda revolucionaria, y a la vez movilizar y organizar a distintos sectores: estudiantes, trabajadores o moradores de barrios marginales. A través de distintas organizaciones, Montoneros combinó la acción militar con la específicamente política; en ella sobresalió la Juventud Peronista, detrás de la cual se congregaron los amplios sectores para quienes Perón era la encarnación de un proyecto revolucionario, en el que la liberación nacional debía llevar a la "patria socialista".

Fueron estos sectores juveniles los que rodearon al presidente Cámpora y ocuparon importantes posiciones de poder hasta que, dentro mismo del peronismo, se generó un vigoroso movimiento en su contra. El 20 de junio de 1973, el día en que Perón volvía definitivamente al país, y cuando una inmensa multitud se había congregado en Ezeiza para recibirlo, ambos sectores protagonizaron una verdadera batalla campal, que dejó muchos muertos. Poco después, Cámpora era forzado a renunciar, y luego de un breve interludio, unas nuevas elecciones generales consagraron, de manera abrumadora, la fórmula presidencial que reunía al general Perón y a su esposa María Estela Martínez.

El conflicto interno del peronismo se desplegó con toda su fuerza. Frente a quienes proclamaban la bandera de la patria socialista, otro sector levantaba la de la "patria peronista", combinando la aspiración al retorno de la bonanza de décadas anteriores con posiciones, tradicionales en el peronismo, decididamente adversas a las ideas de izquierda. Ambos sectores compitieron por el poder y por el control de las movilizaciones callejeras, y ambos recurrieron a la violencia, al terrorismo y al asesinato. Fue claro que Perón, quien en su anterior lucha con los militares había respaldado a los jóvenes, repudiaba ahora su forma de acción, sus consignas y propósitos, se inclinaba por los sectores más tradicionales del partido y se ocupaba de desalojar a los sectores juveniles peronistas de posiciones de poder. El enfrentamiento culminó el 1° de mayo de 1974, cuando en el tradicional acto peronista de la Plaza de Mayo, el veterano líder los denostó y aquéllos respondieron abandonando la Plaza y, simbólicamente, el movimiento.

Los partidos de oposición, empeñados en apoyar al gobierno constitucional, no interfirieron ni en este conflicto ni en el otro, más sordo, de Perón con los sindicatos. La política económica que ejecutó su ministro de Economía, el empresario José Gelbard, fue decididamente moderada, y lejos de las consignas socialistas de algunos de sus seguidores, apuntó a fortalecer el desarrollo capitalista. Se propuso expandir el mercado interno, ampliar las exportaciones industriales y estimular al sector de empresas nacionales, pero sin hostilizar a las extranjeras. La eliminación de la inflación, que era una cuestión clave para cualquier proyecto de desarrollo, debía lograrse mediante un amplio Pacto Social, en el que empresarios y trabajadores renunciaran a su tradicional puja por el reparto del ingreso y aceptaran el papel arbitral del Estado. Pero luego de los primeros éxitos, la reaparición de la inflación impulsó a los trabajadores a acentuar sus reclamos, obligando a Perón a poner en juego toda su autoridad para salvar la concertación. El 12 de junio de 1974, en su última aparición en público, reclamó de unos y otros el cumplimiento de los acuerdos. Poco después, el 1° de julio, el anciano líder fallecía.

Su viuda, María Estela, que asumió la presidencia, no tenía ni la misma capacidad ni similar autoridad, y los conflictos se hicieron más agudos. José López Rega, que había sido secretario privado de Perón y luego ministro de Bienestar Social, y a quien se sindicaba como el poder oculto del gobierno, organizó grupos clandestinos dedicados a asesinar dirigentes opositores, muchos de los cuales eran activistas sindicales e intelectuales disidentes, no enrolados en las organizaciones guerrilleras. Montoneros respondió de la misma manera, de modo que la violencia creció de manera irrefrenable, ante la inacción de un gobierno que renunciaba al monopolio de la fuerza. Por otra parte, y frente a una inflación agudizada, el gobierno se lanzó a un drástico plan de ajuste económico, que incluyó una fortísima devaluación y aumento de tarifas públicas, conocido como "rodrigazo", en alusión al ministro de Economía Celestino Rodrigo, acólito de López Rega. Los sindicalistas respondieron enfrentando con energía al gobierno y lograron un aumento similar, con lo que los efectos esperados del "rodrigazo" se perdieron, pero la economía entró en una situación de elevada inflación y descontrol.

Una organización armada no peronista, el Ejército Revolucionario del Pueblo, logró por entonces asentarse en un sector de la provincia de Tucumán, donde anunció la constitución de una "zona liberada", y el Ejército inició una operación formal para desalojarlo. Poco después, los jefes militares imponían el alejamiento de López Rega. Era evidente que el gobierno civil había perdido el dominio de la situación. Un intento de encontrar una salida dentro del orden constitucional —la renuncia de la presidente y su reemplazo por el senador Luder, presidente del Senado— fracasó. Poco después, la crisis económica y política combinadas creaban las condiciones para que las Fuerzas Armadas desplazaran a la presidenta y se hicieran cargo del poder, sin oposición y hasta con el aliviado consentimiento de la mayoría de la población.

El 24 de marzo de 1976 asumió el mando la Junta Militar, formada por los comandantes de las tres Armas, que designó presidente al general Jorge Rafael Videla, comandante del Ejército. Videla se mantuvo en el cargo hasta marzo de 1981, cuando fue reemplazado por el general Roberto Marcelo Viola, que en 1978 lo había sucedido al frente del Ejército. Sin embargo, la Junta siguió conservando la máxima potestad, y las tres armas se dividieron cuidadosamente el ejercicio del poder.

Con el llamado Proceso de Reorganización Nacional, las Fuerzas Armadas se propusieron primariamente restablecer el orden, lo que significaba recuperar el monopolio del ejercicio de la fuerza, desarmar a los grupos clandestinos que ejecutaban acciones terroristas amparados desde el Estado y vencer militarmente a las dos grandes organizaciones guerrilleras: el ERP y Montoneros. La primera desapareció rápidamente, mientras que Montoneros logró salvar una parte de su organización que, muy debilitada, siguió operando desde el exilio. Pero además, en la concepción de los jefes militares, la restauración del orden significaba eliminar drásticamente los conflictos que habían sacudido a la sociedad en las dos décadas anteriores, y con ellos a sus protagonistas. Se trataba en suma de realizar una represión integral, una tarea de verdadera cirugía social.

En 1984, la Comisión Nacional para la Desaparición de Personas (CONADEP), que presidió el escritor Ernesto Sábato, realizó una reconstrucción de lo ocurrido, cuya real dimensión apenas se intuía. Sus conclusiones fueron luego confirmadas por la justicia, que en 1985 condenó a los máximos responsables. Concebido como un plan orgánico, fue aplicado de manera descentralizada, reservándose cada fuerza sus zonas de responsabilidad. Grupos de militares no identificados se ocupaban de secuestrar, generalmente por la noche, a activistas de distinto tipo, que luego de ser sometidos a torturas permanecían largo tiempo detenidos, en centros clandestinos —La Perla, El Olimpo, La Cacha, que alcanzaron una terrible fama—, hasta que una autoridad superior decidía si debían ser ejecutados o si eran "recuperables". Proliferaron los "desaparecidos", pues los familiares ignoraban su suerte y ninguna autoridad asumía la responsabilidad de la acción, y también las tumbas clandestinas. La CONADEP logró documentar nueve mil casos, aunque probablemente —según las denuncias de los familiares— la cifra deba triplicarse.

Según la versión oficial, se trataba de "erradicar la subversión apátrida". Muchas de las víctimas estuvieron involucradas en actividades armadas; muchísimas otras eran dirigentes sindicales o estudiantiles, sacerdotes, activistas de organizaciones civiles o intelectuales disidentes. Pero el verdadero objetivo eran los vivos, los que emigraron, o debieron silenciar su voz, o aún aceptar lo que estaba ocurriendo, por falta de voces alternativas a las que, desde el Estado, justificaban lo sucedido. Ante el horror, la mayoría se inclinó por refugiarse en la ignorancia.

Con la pasividad de la sociedad el régimen militar pudo consagrarse a su segunda tarea: la reestructuración de la economía, de modo de eliminar la raíz que —según creían— allí tenían los conflictos sociales y políticos. José Alfredo Martínez de Hoz, un economista vinculado a los más altos círculos económicos internacionales y locales, fue el ministro de Economía que, durante los cinco años de la presidencia de Videla, condujo la transformación, sorteando oposiciones múltiples, provenientes incluso de los propios sectores militares. En su diagnóstico, el fuerte peso que el Estado tenía en la vida económica —por su capacidad de intervención o por el control de las importantes empresas públicas— generaba en torno suyo una lucha permanente de los intereses corporativos —los distintos grupos empresarios y el sindicalismo— que afectaban la eficiencia de la economía, y finalmente la propia estabilidad social y política. La presencia del Estado debía reducirse, y su acción directiva tenía que ser reemplazada por el juego de las fuerzas del mercado, capaces de disciplinar y hacer eficientes a los distintos sectores. También debería reducirse la industria nacional, orientada al mercado interno y tradicionalmente protegida por el Estado, y con ella los poderosos sindicatos industriales, que eran precisamente uno de los factores de la discordia. Un vasto plan de obras públicas, más espectaculares que productivas, habría de compensar la desocupación generada.

En este proyecto, que invertía las orientaciones de la economía vigentes desde 1930 a 1945, se eliminó la protección industrial y se abrió el mercado a los productos extranjeros, que lo inundaron. El Estado renunció a regular la actividad financiera —y con ello a estimular algunas actividades con créditos preferenciales— y proliferaron las entidades financieras privadas, lanzadas especulativamente a la captación de los ahorros del público. En momentos en que el aumento del precio internacional del petróleo creaba una masa de capitales a la busca de ganancias rápidas, la apertura financiera permitió que se volcaran al país, alimentaran la especulación y crearan la base de una deuda externa que desde entonces se convirtió en el más fuerte condicionante de la economía local. Para realizar parte de las tareas de sus empresas, el Estado recurrió a empresas privadas, y algunas de ellas se beneficiaron con excelentes contratos. Mientras muchas de las actividades básicas languidecían y numerosas empresas quebraban, la actividad financiera especulativa y los contratos con el Estado permitieron la formación de poderosos grupos económicos, que operaban simultáneamente en diversas actividades, aprovechaban de los recursos públicos y adquirían empresas en dificultades.

Un punto débil de este proyecto fueron las profundas divisiones existentes en el seno de las Fuerzas Armadas, debidas a la competencia interna y a las apetencias personales de sus jefes. La cuidadosa división de áreas de influencia entre las tres fuerzas llevó a una suerte de feudalización del poder. El comandante de la Marina, almirante Massera, que ambicionaba la presidencia, se opuso a Videla y sobre todo a Martínez de Hoz. Varios generales manifestaron también sus pretensiones y objetaron el reemplazo de Videla por Viola. Cuando éste asumió el mando, prescindió de Martínez de Hoz e inició la tímida búsqueda de una "salida política". La falta de confianza en la estabilidad y en la posibilidad de mantener las condiciones económicas desencadenó la crisis, que se manifestó en una inflación desatada y una conmoción reveladora de las endebles bases de la estabilidad lograda por Martínez de Hoz. A fines de 1981 Viola fue remplazado a su vez por el general Leopoldo Fortunato Galtieri.

Por entonces, cesaba en todo el mundo el flujo fácil de capitales especulativos y comenzaron los problemas para los deudores. La Argentina, como muchos países, tuvo dificultades para pagar los intereses de los préstamos recibidos, con lo que la deuda comenzó a multiplicarse y los acreedores a presionar para imponer a la política económica las orientaciones que les permitieran cobrar sus créditos. La crisis se agudizó, y en la sociedad comenzaron a oírse voces de protesta, largamente silenciadas. Los empresarios reclamaron por los intereses sectoriales golpeados, los sindicalistas se atrevieron cada vez más, y el 30 de marzo de 1982 organizaron una huelga general, con concentración obrera en la Plaza de Mayo, que el gobierno reprimió con dureza. La Iglesia, que, como muchos, no había hecho oír su voz ante la represión, se manifestó partidaria de encontrar una salida hacia la democracia, en momentos en que los partidos políticos se agrupaban en la Multipartidaria, tras un reclamo de la misma índole. Pero lo más notable fueron las agrupaciones defensoras de los Derechos Humanos, y particularmente las Madres de Plaza de Mayo, un grupo formado en el momento más terrible de la represión, que ellas mismas debían soportar y que reclamaba por sus hijos desaparecidos y por uno de los derechos más esenciales e incontrovertibles. La fuerza de este reclamo de tipo ético fue enorme, y ayudó a despertar a la sociedad dormida.

El propio régimen militar contribuyó a agravar su crisis. El general Galtieri, que se había propuesto encontrar una salida política satisfactoria para el Proceso, se lanzó a una aventura militar que, de haber resultado exitosa, hubiera revitalizado el prestigio de las Fuerzas Armadas. En 1978 el gobierno militar había estado a punto de entrar en guerra con el de Chile a raíz de una disputa por algunos puntos fronterizos sobre el canal de Beagle, que implicaban el control de ese paso. La guerra fue evitada por la intervención del Papa, por medio de un hábil diplomático, el cardenal Samoré. Después de un tiempo de estudio, la mediación papal dio en lo esencial la razón a Chile, y los militares —particularmente la Marina— buscaron una compensación en otra área tradicionalmente conflictiva: las Islas Malvinas, ocupadas por Gran Bretaña desde 1833. Desde la década de 1960 la Argentina venía realizando una paciente tarea diplomática, a través de las Naciones Unidas que, sin embargo, no había llegado a resultados. Los jefes militares concibieron el plan de ocupar militarmente las islas por sorpresa y forzar a los británicos a una negociación, para lo cual Galtieri confiaba en el apoyo de los Estados Unidos, donde había establecido excelentes relaciones.

El 2 de abril de 1982 tropas argentinas desembarcaron en las islas y las ocuparon. La acción excitaba una veta chauvinista y belicista de la sociedad, largamente cultivada por las corrientes nacionalistas de diverso signo. Suscitó un apoyo generalizado en la población argentina y en casi todos sus representantes políticos, y los militares se anotaron una importante victoria. Cosecharon también apoyo entre los países latinoamericanos, pero la mayoría de los países europeos se alineó tras de Gran Bretaña que, lejos de aceptar la negociación, se dispuso a combatir para recuperar las islas. Los Estados Unidos hicieron un gran esfuerzo para mediar entre el gobierno argentino y el británico, y convencer a aquél de que evacuara las islas, pero los militares, apresados en su propia retórica, estaban imposibilitados de retroceder sin perder todo lo que habían ganado en el orden interno, y aún más. Finalmente, los Estados Unidos abandonaron su posición neutral y se alinearon detrás de su aliado tradicional y contra la Argentina, revelando que los militares habían iniciado su acción ignorantes de lo más elemental de las reglas del juego internacional.

También ignoraban las específicamente militares. Trasladaron a las islas una enorme cantidad de soldados, mal entrenados, escasamente pertrechados, sin posibilidades de abastecerlos y con jefes que carecían de ideas acerca de cómo defender lo conquistado. A principios de mayo comenzó el ataque británico. La Flota debió abandonar las operaciones, luego de que un submarino inglés hundiera al crucero General Belgrano. Pese a algunas eficaces acciones de la Aviación, pronto la situación en las islas se hizo insostenible, y su gobernador, el general Menéndez, dispuso su rendición.

La derrota desencadenó una crisis en las Fuerzas Armadas. Galtieri renunció, los principales responsables fueron removidos, pero luego ni la Armada ni la Fuerza Aérea respaldaron la designación del nuevo presidente, general Reynaldo Bignone. Por otra parte, la sociedad, que hasta último momento se había ilusionado con la posibilidad de un triunfo militar —alentada por informaciones oficiales que falseaban sistemáticamente la realidad— se sintió tremendamente decepcionada y acompañó a quienes exigían un retiro de los militares y aún la revisión de toda su actuación desde 1976. Por ambos caminos, se imponía la salida electoral, que se concretó a fines del año siguiente, en octubre de 1983.

Durante ese año y medio, la sociedad argentina no sólo revivió y se expresó con amplitud sino que se ilusionó con las posibilidades de la recuperación democrática. En muchos ámbitos sociales, estudiantiles, gremiales o culturales hubo un renovado activismo, así como una coincidencia general en el reclamo por la vigencia de los derechos humanos y el retorno a la democracia. A diferencia de experiencias anteriores, la politización se tiñó de una dimensión ética, y el pluralismo —escasamente apreciado en experiencias anteriores, donde el adversario era sistemáticamente tachado de enemigo— se afirmó como valor político fundamental.

Todo ello se canalizó en una actividad política renovada. La afiliación a los partidos fue muy grande, y éstos remozaron su fisonomía. El Partido Justicialista designó sus autoridades y candidatos luego de un proceso electoral interno razonablemente ordenado, y junto a muchos dirigentes tradicionales, sindicales y políticos, que conservaron lugares muy importantes, aparecieron nuevas figuras, más consustanciadas con la nueva experiencia democrática. Las izquierdas se congregaron en torno de los partidos tradicionales, pero sobre todo alrededor del Partido Intransigente, mientras que en la derecha, el ingeniero Alsogaray daba forma a una nueva agrupación, más exitosa que las anteriores, la Unión del Centro Democrático. La gran renovación se produjo en la Unión Cívica Radical, en torno de Raúl Alfonsín, luego de la muerte de Ricardo Balbín, ocurrida en 1981. A diferencia de la mayoría de los políticos, Alfonsín se había mantenido lejos de los militares, y no había apoyado la aventura de Malvinas. Reunió en torno suyo un grupo de activos dirigentes juveniles, provenientes de la militancia universitaria, y también un grupo de intelectuales que le dio a sus propuestas un tono moderno y renovador que faltaba en otras fuerzas políticas. Pero sobre todo, Alfonsín encarnó las ilusiones de la democracia, y la esperanza de doblegar con ella los escollos que desde hacía varias décadas impedían que el país lograra simultáneamente una forma de convivencia civilizada, una estabilidad política y la posibilidad de un crecimiento económico. Alfonsín afirmó que todo eso se podía conseguir con la democracia, y con esa propuesta ganó las elecciones de octubre de 1983, infligiendo al peronismo la primera derrota electoral de su historia.

La ilusión por la restauración democrática ocultó entonces la magnitud de los problemas que el nuevo gobierno heredaba así como las limitaciones de su poder, pues no sólo subsistían en pie los grandes sectores corporativos que tradicionalmente habían limitado la acción del poder político, sino que el partido gobernante no había logrado la mayoría en el Senado, desde donde se bloquearon muchas de sus iniciativas. El nuevo gobierno se preocupó especialmente por la política cultural, convencido de la importancia de combatir las ideas autoritarias que habían arraigado en la sociedad. Así, se dio un fuerte impulso a la alfabetización, se renovaron los cuadros de la Universidad y del sistema científico, y se estimuló la actividad cultural. La sanción de la ley de divorcio, que suscitó la fuerte oposición de la Iglesia, contribuyó a modernizar las normas de la vida social. En política internacional se aprovechó el prestigio del nuevo gobierno democrático para mejorar la imagen exterior del país y para solucionar legítimamente algunos problemas pendientes, particularmente la cuestión de los límites con Chile: un plebiscito dio amplia mayoría a la aprobación de la propuesta papal, que aseguraba la paz entre los dos Estados.

La relación con los militares resultó muy difícil debido al reclamo generalizado de la sociedad de investigar los crímenes cometidos durante la represión y sancionar a los responsables, y a la negativa de éstos a rever su actuación durante lo que ellos llamaban la "guerra antisubversiva", y sus críticos calificaban de genocidio. El presidente Alfonsín, que había participado activamente en las campañas en favor de los derechos humanos y había incorporado el tema a su campaña electoral, propuso distinguir entre quienes, desde el máximo nivel, habían ordenado y planeado la represión —los miembros de las Juntas Militares, a los que se enjuició—, quienes habían cumplido órdenes y quienes se habían excedido en ello, cometiendo delitos aberrantes. Igualmente propuso dar a las Fuerzas Armadas la oportunidad de que ellas mismas sancionaran a los responsables, para lo cual impulsó una reforma del Código de Justicia Militar. Este último procedimiento no dio resultado, debido a la total negativa de los militares a admitir que hubiera algo punible en lo que entendían como una "guerra". La sociedad, por su parte, sensibilizada por la investigación de la CONADEP y la revelación cotidiana de los horrores de la represión, reclamó con firmeza el castigo de todos los responsables.

Durante 1985 se tramitó el juicio a los miembros de las tres primeras Juntas militares, que culminó con sanciones ejemplares. Los tribunales siguieron su acción y citaron a numerosos oficiales implicados en casos específicos, lo cual produjo la reacción solidaria de toda la corporación militar en defensa de sus compañeros, particularmente oficiales de baja graduación, que —según estimaban— no eran responsables sino ejecutores de órdenes superiores. Un primer intento de encontrar una salida política a la cuestión —la llamada ley de Punto Final— fracasó, pues no detuvo las citaciones a numerosos oficiales de menor graduación. En los días de Semana Santa de 1987 un grupo de oficiales se acuarteló en Campo de Mayo y exigió lo que denominaban una solución política. El conjunto de la civilidad, así como todos los partidos políticos, respondió solidarizándose con el orden constitucional, salió a la calle, llenó las plazas y exigió que depusieran su actitud. La demostración fue impresionante, pero las fuerzas militares que debían reprimir a los rebeldes, que empezaron a ser conocidos como "carapintadas", sin apoyarlos explícitamente, se negaron a hacerlo. El resultado de este enfrentamiento fue en cierta medida neutro. Luego de que el propio presidente fuera a Campo de Mayo, los rebeldes se rindieron, pero poco después, a su propuesta, el Congreso sancionó la ley de Obediencia Debida, que permitía exculpar a la mayoría de los oficiales que habían participado en la represión. Aunque este resultado no era sustancialmente distinto de lo que el presidente Alfonsín había propuesto a lo largo de su campaña —los principales responsables ya habían sido condenados— el conjunto de la civilidad lo vivió como una derrota y como el fin de una de las ilusiones de la democracia, incapaz de doblegar a un poder militar que seguía incólume.

El gobierno también se propuso democratizar la vida sindical y abrir las puertas a distintas corrientes de opinión, lo que suponía debilitar el poder de la dirigencia tradicional, casi unánimemente peronista, que había sido restaurada al frente de los sindicatos al fin del gobierno militar. La ley propuesta establecía el derecho de las minorías a participar en la conducción sindical, así como mecanismos de control de las elecciones; fue resistida exitosamente por los dirigentes sindicales, y luego de que la Cámara de Diputados la aprobó, el Senado la rechazó, por apenas un voto de diferencia. Desde entonces el gobierno debió lidiar con una oposición sindical encrespada. Saúl Ubaldini, secretario general de la CGT, encabezó trece paros generales contra el gobierno y su política económica, y aunque al principio no preocuparon demasiado, cuando se sumaron otros factores de intranquilidad la oposición de la CGT resultó inquietante. En marzo de 1987, en vísperas del levantamiento de Semana Santa, el gobierno acordó con quince de los mayores sindicatos —al margen de Ubaldini— una serie de concesiones importantes para los dirigentes, e incluyó a uno de ellos en el Ministerio de Trabajo. La medida resultó oportuna, a la luz del subsiguiente conflicto militar, pero significó también el fin de otra ilusión: el gobierno democrático renunciaba a doblegar el poder de la corporación sindical.

Los problemas económicos heredados por el gobierno eran enormes: inflación desatada, déficit fiscal, alto endeudamiento externo, estancamiento de las actividades productivas, y una fuerte concentración, por la que algunos grupos empresarios poseían un amplio control de la vida económica. Sin embargo, en un primer momento el enfrentamiento con estos problemas fue postergado en aras de afirmar la institucionalidad democrática. Inicialmente se impulsó una política de redistribución de ingresos y ampliación del mercado interno similar a la que habían practicado anteriormente tanto los gobiernos peronistas como el radical. Pero en la nueva situación de recesión pronto se desató la inflación, agravada por el fracaso en la concertación con los sindicatos.

A mediados de 1985, con el país al borde de la hiperinflación, el ministro de Economía Juan Sourrouille lanzó un plan económico, el Austral, de excelente factura técnica, con el que logró estabilizar la economía sin causar recesión ni afectar sustancialmente ni a trabajadores ni a empresarios. Hubo buena voluntad de los acreedores externos y un vasto esfuerzo colectivo para detener la inflación. El plan resultó popular, y el gobierno obtuvo en 1985 un buen éxito electoral. Pero no incluía mecanismos para avanzar de la estabilización hacia la transformación de la economía requerida tanto por el cambio de las condiciones externas —la crisis iniciada en la década de 1970 había impulsado en todo el mundo un vasto proceso de reestructuración— como por la angustiante situación financiera y económica. Cuando la disciplina de la sociedad se aflojó, reaparecieron las causas persistentes de la inflación, y con ellas la puja entre las grandes corporaciones, empresaria y sindical, por la defensa de su parte en el ingreso. Hacia 1987 el gobierno se propuso emprender el camino de las soluciones más profundas para el problema del déficit fiscal, apoyándose en el grupo de los empresarios más poderosos. Como en los casos anteriores, llegaba a su fin otra de las ilusiones de la democracia.

Frente al poder de las corporaciones tradicionales que no podía doblegar, el presidente Alfonsín trató de fortalecer su más sólido respaldo: la civilidad. Procuró que la sociedad discutiera las grandes cuestiones por resolver, desde el tema del autoritarismo al de la modernización política y la reforma del Estado, alimentó permanentemente el debate y desarrolló sus dotes pedagógicas y persuasivas. La suma de los fracasos parciales señalados, unida a la escasa ductilidad de su partido para acompañarlo, hicieron que perdiera la iniciativa. Los beneficiarios fueron en parte los grupos de izquierda, en parte la derecha liberal, con las populares, aunque algo vacías, recetas del liberalismo económico, pero sobre todo el peronismo, donde un conjunto de dirigentes logró imponer al tradicional movimiento un nuevo rumbo. El peronismo renovador, que encabezaba Antonio Cafiero, desplazó de la dirección a los antiguos sindicalistas y políticos e impuso al partido una línea moderna, fuertemente comprometida con las instituciones democráticas y con las mismas banderas que Alfonsín no había podido defender exitosamente. En septiembre de 1987 el peronismo obtuvo una importante victoria electoral.

En los dos últimos años de gobierno el radicalismo no pudo recuperarse. A lo largo de 1987 los "carapintadas" protagonizaron dos nuevos episodios, que revelaron no sólo las profundas fracturas en el Ejército, sino también las dificultades del gobierno civil para controlar la institución. Dentro del justicialismo, el grupo encabezado por Cafiero, que tenía importantes afinidades con el gobierno radical, resultó desplazado por una heterogénea alianza encabezada por el gobernador de La Rioja Carlos Menem, quien utilizó en la campaña electoral que lo consagró candidato presidencial, los recursos más tradicionales del peronismo. Para enfrentarlo, la UCR postuló al gobernador de Córdoba Eduardo Angeloz, con figura de buen administrador, pero sin la fuerza carismática que había tenido Alfonsín en 1983.

En los dos últimos meses de 1988, cuando la inflación volvía a ser fuerte, el gobierno lanzó un nuevo plan económico que debía frenarla hasta la época de las elecciones. Pero el plan Primavera, que se inició con escasísimos apoyos, se derrumbó cuando los acreedores externos retiraron su confianza al gobierno: a principios de 1989 sobrevino una crisis, y el país comenzó a conocer su primera experiencia de hiperinflación, acompañada por asaltos y saqueos, que produjeron una fuerte conmoción en la sociedad. En ese contexto, en mayo de 1989 el candidato justicialista Carlos Menem se impuso con facilidad. Faltaban más de seis meses para la fecha prevista para el traspaso del mando, pero el gobierno, carente de respaldo político, jaqueado por los vencedores e incapaz de dar respuesta a la hiperinflación, optó por adelantar la fecha de entrega. De este modo un poco accidentado, se logró concretar la renovación presidencial, la primera desde 1928 que se realizaba según las normas constitucionales.

El nuevo presidente vio en la crisis hiperinflacionaria el riesgo de que su propio poder quedara licuado, pero también una oportunidad: introducir las reformas recomendadas por los círculos financieros internacionales. De acuerdo con el llamado Consenso de Washington, el problema de los países como la Argentina consistía en que el estado recaudaba poco, gastaba mucho y de manera poco razonable, y protegía a sectores de la economía poco eficientes, como el industrial. Abrir la economía a la competencia internacional y reducir los costos del estado —una fórmula que comenzó a aplicar Martínez de Hoz en 1976— era la política recomendada, que la sociedad argentina había resistido desde 1983. Menem buscó aliados en el *establishment* económico, desechó el tradicional programa populista del peronismo, y con gran pragmatismo introdujo un giro copernicano en las políticas estatales.

En los primeros años, cuando la angustia de la crisis aún persistía, se aprobaron las leyes de Emergencia Económica y de Reforma del Estado y se inició la privatización de las empresas estatales. Se comenzó por la telefónica Entel, vendida a dos empresas extranjeras, asociadas con grandes bancos internacionales y con grupos económicos locales. Fue un caso testigo, y el procedimiento siguió aplicándose con celeridad en otros. Los ingresos percibidos por las ventas no alcanzaron para solucionar el grave déficit fiscal, y a fines de 1990 se produjo una segunda hiperinflación. Poco después, Menem convocó para el ministerio de Economía a Domingo Cavallo, que encaró la crisis desde otro ángulo. La Ley de Convertibilidad, de 1991 vinculó el peso con el dólar; el estado se vedó la posibilidad de emitir moneda por encima de sus reservas en dólares y de ese modo se frenó la inflación. Poco después, se llegó a un acuerdo con los acreedores externos para consolidar la deuda externa, y en un contexto de prosperidad financiera mundial, los capitales retornaron a la Argentina y fluyeron abundantemente. Cavallo encaró entonces el segundo tramo de las reformas estatales: el sistema privado de jubilaciones, la restructuración de las obras sociales y una nueva tanda de privatizaciones, hechas con mucho más tino y prolijidad que las primeras.

Entre 1991 y 1994 transcurrieron tres años dorados para la economía: crédito fácil, baja inflación, aumento del consumo interno. Los beneficios se concentraron en un pequeño sector económico, que incluía a los inversores extranjeros, los grandes grupos económicos locales y un conjunto de amigos del gobierno rápidamente enriquecidos; pero en una cierta medida se derramaron sobre el resto de la sociedad. Con recursos abundantes, el gobierno se dedicó a mejorar, aquí y allá, la situación de quienes resultaban golpeados por las reformas, y a atenuar así la resistencia a la nueva política: los despedidos de las empresas estatales privatizadas recibieron importantes indemnizaciones; los grandes contratistas del estado fueron compensados con la participación en las privatizaciones, lo mismo que muchos sindicalistas; los gobiernos provinciales recibieron

fondos para usar discrecionalmente, mitigar la desocupación y asegurarse una clientela electoral. La bonanza ocultó el lado oscuro de la transformación. Para la mayoría de
las empresas industriales, la apertura a la importación fue
fatal. Pero el signo premonitorio fue la elevada tasa de desocupación, que en 1993 superó el 10%.

En estos años, Menem logró establecer una jefatura exitosa. Las instituciones de la República fueron forzadas, para
asegurar el predominio presidencial: los Decretos de necesidad y urgencia le permitieron pasar por encima del Congreso, y pudo contar con una Corte Suprema de Justicia adicta,
luego de ampliar el número de sus miembros. Menem gober-
nó con la discrecionalidad de un príncipe, muy atento a las
cuestiones del poder y la política pero desinteresado de la
administración. Lo acompañó un grupo de colaboradores,
cuyas prácticas se asemejaron a las de una banda gangsteril.
La fidelidad se compensó con protección e impunidad. El
erario público fue el botín de guerra, la corrupción se hizo
normal, y hasta se regularizó: "yo robo para la Corona",
pudo decir un ministro del Interior.

Menem se aseguró el control del peronismo, que debió
cambiar radicalmente de banderas y de consignas: golpeó
con dureza a los que se resistieron, premió a quienes se
acercaron y promovió a nuevos dirigentes, de fuerte imagen popular, como el cantante Ramón "Palito" Ortega y el
automovilista Carlos "Lole" Reutemann. Además pudo li-
berarse de la dependencia partidaria, por la popularidad
ganada a través de los medios masivos de comunicación,
que usó con destreza. Conquistado el *establishment* económico con su política ultra liberal, supo ganar aliados en el
sector más conservador de la Iglesia y en el Ejército. Indul-
tó a los jefes militares del Proceso, condenados por la Justicia, y también a quienes participaron en los alzamientos
"carapintadas"; cuando en diciembre de 1990 se produjo

otro episodio con esos grupos, los reprimió con dureza y acabó con el problema; el comandante en Jefe, general Balza, aseguró la disciplina interna y hasta inició la autocrítica de la Fuerza por la represión clandestina. En suma, Menem fue un político exitoso.

La oposición poco pudo hacer en esos años. La UCR arrastró el desprestigio de la hiperinflación y retrocedió en las elecciones. La protesta social consistió en estallidos o manifestaciones aislados; a veces fueron muy fuertes pero no lograron articularse, pues las tradicionales instituciones mediadoras de la protesta, como los sindicatos, afectados por la creciente desocupación, estaban en plena crisis. Menem inició una campaña para reformar la Constitución y lograr la posibilidad de ser reelecto. Pese a la oposición inicial de los partidos de oposición y de parte del peronismo, a principios de 1994 acordó con Raúl Alfonsín, jefe del radicalismo, los términos de una reforma constitucional que, junto a la reelección, introducía una serie de modificaciones destinadas a mejorar la calidad institucional republicana. Luego de reformada la Constitución en 1994, Menem logró en 1995 un segundo mandato, con un caudal de votos que superó el 50%. En esos comicios retrocedió la UCR y avanzó una nueva fuerza, el Frepaso, formada con desprendimientos del peronismo y grupos de izquierda.

Menem había llegado a su cenit. Luego de la reelección, se inició el ciclo descendente de su jefatura. Acosado por la crisis económica, las demandas provenientes del peronismo y los nuevos reclamos de la sociedad, comenzó a perder la iniciativa. En 1995 se registró el primer cimbronazo de la economía internacional, provocado por el *default* de México. La vulnerabilidad de la economía, dependiente del flujo continuo de fondos externos, quedó manifiesta. Superada la crisis mundial, los fondos retornaron, el endeudamiento aumentó de manera notable y la economía pudo crecer fuertemente en 1997, aunque sin poder solucionar el problema del desempleo, que subió al 15%. Desde 1998 comenzó una recesión internacional, esta vez ocasionada por los *default* de Rusia y Turquía, y sus efectos locales se prolongaron hasta 2003. Menguaron los créditos, los acreedores exigieron mayores ajustes y disciplina fiscal y el gobierno no dispuso ya de fondos para suavizar las oposiciones.

Las tensiones internas se manifestaron primero en la oposición de distintos sectores del peronismo al ministro Cavallo, defensor de la ortodoxia y el ajuste. Luego de violentos enfrentamientos con grupos cercanos al presidente, a los que acusó de corruptos, Cavallo renunció en 1996. Su sucesor, Roque Fernández, debió enfrentar las demandas de los dirigentes peronistas, que crecían con la proximidad de las elecciones, y las de una oposición social creciente. Los núcleos conflictivos estaban en los trabajadores estatales, particularmente los docentes, y en algunas regiones muy castigadas por la privatización de empresas estatales, como aquellas donde YPF había tenido una presencia importante. En Salta y en Neuquén afloró un nuevo tipo de protesta, destinada a una larga trayectoria: los cortes de rutas por "piquetes" de desocupados que reclamaban la ayuda del estado.

Otro factor que complicó al gobierno fue el estallido público de algunos grandes escándalos, y particularmente el asesinato del fotógrafo José Luis Cabezas, por obra de allegados al poderoso empresario Alfredo Yabrán, muy cercano al grupo presidencial; en el asesinato resultaron implicados algunos integrantes de la Policía Bonaerense. El más afectado por el suceso fue el gobernador de la provincia, Eduardo Duhalde, quien enarbolando las banderas del peronismo histórico se postulaba para la candidatura presidencial justicialista en 1999. Menem aún pretendía lograr, por algún medio, un nuevo mandato, de modo que ambos dirigentes se enfrentaron de manera dura. Duhalde fue el candidato, pero el gobierno le retaceó su apoyo.

Mientras tanto, las fuerzas opositoras crecían, aprovechando la disconformidad engendrada por la crisis económica y las denuncias sobre corrupción, que por entonces se generalizaron, alcanzando a los más cercanos a Menem. Para encarar las elecciones presidenciales, el Frepaso y la UCR constituyeron una Alianza; su programa ponía el acento en la institucionalidad republicana, la equidad social, la lucha contra la corrupción y el mantenimiento del núcleo de la política económica: la Convertibilidad. El radical Fernando de la Rúa y Carlos "Chacho" Álvarez, jefe del Frepaso, se impusieron en las elecciones a un peronismo dividido y debilitado por la crisis. A fines de 1999, en el contexto de la nueva democracia, se produjo el segundo traspaso de gobierno a una fuerza opositora. Podía ser considerado como la expresión de la normalidad institucional alcanzada.

La Alianza triunfó en el peor momento: la "fiesta" menemista había terminado, y el nuevo gobierno debía hacerse cargo de la cuenta. El "modelo" económico hacía agua por todos lados: el flujo de fondos externos se había transformado en un goteo intermitente; el estado padecía de un déficit elevadísimo y con frecuencia no podía pagar sus sueldos; la Convertibilidad era un asfixiante corset, pero nadie sabía cómo abandonarla sin provocar un desbarajuste total.

Había tres grandes frentes de tormenta. El primero era la conflictividad social. Los desocupados, nutrían en número creciente los piquetes, organizados para arrancar magros subsidios al gobierno; los sindicatos volvieron a las huelgas generales, olvidadas durante el período menemista. Un segundo frente lo constituían los peronistas, que controlaban la mayoría de las provincias y dominaban el Senado. Más que una oposición homogénea, era una cooperativa de demandantes, que presionaban para arrancar concesiones específicas: los sindicalistas defendían sus Obras Sociales; los gobernadores reclamaban subsidios fiscales para sus provincias; finalmente, los senadores resultaron ser otra corporación voraz, dispuesta a cobrar por su voto. El tercer frente estaba en los centros financieros mundiales; la Argentina no parecía ya un país seguro, y comenzó el retiro de fondos. Por su parte el Fondo Monetario Internacional redobló en cada negociación la exigencia de un mayor ajuste. Tal receta implicaba mayor recesión económica, aumento de la desocupación y la conflictividad social, y reclamos de los dirigentes políticos. El gobierno estaba atrapado por una tenaza.

A eso se sumó el fracaso rotundo de la conducción política. Los partidos de la Alianza fueron socios poco fieles: hubo muchos recelos entre los radicales, y en el Frepaso muchos se pasaron a la oposición. El presidente, figura clave para articular una alianza política, demostró ser absolutamente incapaz para la política y para la administración. En octubre de 2000 se alejó del gobierno el vicepresidente Álvarez, arrastrado por un escándalo en el que el gobierno apareció aceptando la exigencia de "coimas" por senadores de ambos partidos, como precio para aprobar una ley laboral exigida por el Fondo Monetario. Poco después, acuciado por las dificultades económicas, el presidente convocó a Domingo Cavallo y le asignó funciones de superministro. De hecho, la primitiva alianza de centro izquierda se había convertido en otra de centro derecha. Cavallo falló como piloto de tormentas, exacerbó la conflictividad social y erosionó la base electoral del gobierno. En las elecciones de 2001 el gobierno fracasó estrepitosamente; además, mucha gente no votó o anuló su voto: una forma de crítica al propio sistema democrático.

A fines de 2001, luego de algunas medidas financieras extremas, se produjeron movilizaciones populares en los suburbios y en las cercanías de la Casa de Gobierno, a las que siguió una sangrienta represión policial. Su consecuencia fue la renuncia del presidente De la Rúa, a quien la oposición le había negado todo respaldo. Lo que siguió fue un período de inestabilidad política: se sucedieron varios presidentes, hasta que a principios de enero el Congreso designó a Eduardo Duhalde, el candidato derrotado en 1999, para completar el período de De la Rúa. 2002 fue el año de la crisis. En poco tiempo se declaró el *default* para la deuda externa, se congelaron depósitos y ahorros internos y se decretó una devaluación que acabó con la Convertibilidad. Todo sumado, dio lugar a un desbarajuste económico y a fuertes manifestaciones de descontento, que agravaron la inestabilidad política. En un contexto de intensa movilización, una consigna resumió el malhumor social: "que se vayan todos", constituía una condena a la clase política, sin distinciones, e implícitamente al sistema democrático construido desde 1983.

Sin embargo, la crisis no terminó en catástrofe. Duhalde y su ministro de Economía Roberto Lavagna lograron desactivar los principales problemas y postergar aquellos que no tenían solución. Con la suspensión del pago de la deuda, el gobierno fue reconstruyendo sus finanzas, y gradualmente logró poner en movimiento la economía. Se anticipó el llamado a elecciones, y pese al clima de hostilidad a la política, los ciudadanos votaron de manera reflexiva. En la primera vuelta el ex presidente Menem obtuvo la mayoría relativa, pero no se presentó al balotaje, seguro de que sería derrotado por quien había quedado en segundo lugar, el gobernador de la provincia de Santa Cruz Néstor Kirchner, también peronista, quien asumió la presidencia el 25 de mayo de 2003. A la calma económica sucedió un crecimiento significativo, que se sumó a la rápida popularidad lograda por el presidente, hasta entonces casi desconocido: a principios de 2004 la crisis parecía conjurada. ¿Lo estaba realmente?

ÍNDICE

Esta edición de *Breve historia de la Argentina,* de José Luis Romero
se terminó de imprimir en el mes de marzo de 2007,
en Artes Gráficas del Sur, Alte. Solier 2450,
Avellaneda, Buenos Aires, Argentina.